非物质文化遗产
法律保护机制构建研究

邢　聪　著

东北大学出版社

·沈　阳·

图书在版编目（CIP）数据

非物质文化遗产法律保护机制构建研究 / 邢聪著.
沈阳：东北大学出版社，2025. 5. -- ISBN 978-7-5517-3872-9

Ⅰ. D922.164

中国国家版本馆 CIP 数据核字第 2025DQ6773 号

出　版　者：东北大学出版社
　　　　　　地址：沈阳市和平区文化路三号巷 11 号
　　　　　　邮编：110819
　　　　　　电话：024-83683655（总编室）
　　　　　　　　　 024-83687331（营销部）
　　　　　　网址：http://press.neu.edu.cn
印　刷　者：辽宁一诺广告印务有限公司
发　行　者：东北大学出版社
幅面尺寸：170 mm × 240 mm
印　　张：12.5
字　　数：211 千字
出版时间：2025 年 5 月第 1 版
印刷时间：2025 年 5 月第 1 次印刷
责任编辑：刘　莹
责任校对：孙德海
封面设计：潘正一
责任出版：初　茗

ISBN 978-7-5517-3872-9　　　　　　　　　　定价：50.00 元

前　言

在浩瀚的人类文明长河中，非物质文化遗产犹如一颗颗璀璨的明珠，闪耀着各民族智慧与创造力的光芒。这些世代相传、与群众生活密切相关的传统文化表现形式，不仅承载着丰富的历史文化信息，更是民族身份与文化多样性的重要标志。然而，随着全球化进程的加速和现代化步伐的加快，非物质文化遗产面临着前所未有的挑战与危机，其生存与发展空间受到严重挤压，许多宝贵的文化遗产甚至濒临消失。在此背景下，非物质文化遗产的法律保护显得尤为重要和迫切。法律作为维护社会秩序、保障公民权益的重要工具，对于非物质文化遗产的保护与传承具有不可替代的作用。然而，由于非物质文化遗产的特殊性，如无形性、活态性、传承性等，使得其法律保护机制构建面临着诸多复杂问题和挑战。

本书旨在全面而深入地探讨非物质文化遗产法律保护的机制与实践。首先，从非物质文化遗产的概述出发，明确其定义、特征、分类与价值，以及保护的国际背景与国内现状，强调保护的重要性与紧迫性。然后，深入剖析非物质文化遗产法律保护的理论基础，包括知识产权法与非物质文化遗产保护的关系、国际法框架下的保护原则、国内法体系中的法律渊源，以及文化多样性与人权视角下的理论支撑。在明确理论基础之后，本书重点探讨非物质文化遗产的权属界定、传承与传播的法律保护、商业化利用与法律保护、数字化保护与法律挑战等关键问题。在深入分析了这些问题的法律内涵与实践难题后，提出了切实可行的法律解决方案和建议。同时，关注法律保护机制的创新路径，探讨多元共治模式下的法律保护机制、法律责任与救济机制的完善，以及国际合作与交流机制的法律支撑。为了增强本书的实证性和说服力，还进行了大量的实证研究，分析了国内外非物质文化遗产保护的典型案例，评估法律保护机制的实施效果，总结面临的主要挑战与应对策略，以及成功经验的总结与推广。最后，结合当前的发展趋势和政策导向，提出非物质文化遗产法律保护的未来趋势与建议。

本书由邢聪撰著。闫慕超参与了相关资料的收集和整理工作。

本书力求做到既注重学术研究的深度与广度，又关注实际操作的可行性与有效性。相信，本书的出版将为非物质文化遗产的法律保护提供有力的理论支撑和实践指导，推动非物质文化遗产保护事业的深入发展。同时，期待更多的专家学者和实践工作者加入到非物质文化遗产保护行列中，共同为传承和弘扬人类优秀文化遗产贡献智慧和力量。

著 者

2025年1月

目　录

第一章　非物质文化遗产概述

第一节　非物质文化遗产的定义与特征

一、非物质文化遗产的定义

（一）国际层面的定义

1.《保护非物质文化遗产公约》中的定义阐述

《保护非物质文化遗产公约》（以下简称《公约》）是联合国教科文组织于2003年10月召开的第32届大会上通过的一份国际性法律文件，为非物质文化遗产提供了权威且全面的定义。根据《公约》的规定，非物质文化遗产是指被各社区、群体或个人，视为其文化遗产组成部分的各种社会实践、观念表述、表现形式、知识、技能以及相关的工具、实物、手工艺品和文化场所。这一定义不仅涵盖了非物质文化遗产的广泛范围，而且强调了其作为文化遗产的特性和价值。

在《公约》的定义中，几个关键要素尤为突出：首先是传统性，非物质文化遗产是历史长河中流传下来的，承载着特定社区、群体或个人的传统文化，具有深厚的历史渊源和文化底蕴；其次是世代相传，非物质文化遗产通过父子（家庭）、师徒、学堂等形式，一代接一代地传递下去，确保了其活态性和连续性；最后是与社区和群体密切相关，非物质文化遗产不是孤立存在的，而是与特定的社区、群体或个人紧密相连，反映了他们的生活方式、价值观念和精神追求。

2. 国际组织对定义的理解与解读

联合国教科文组织等国际组织对《公约》中非物质文化遗产的定义有

着深刻的理解和解读。他们认为，非物质文化遗产是人类创造力的重要体现，是文化多样性的重要组成部分，对于维护人类文化生态平衡、促进文化交流与互鉴具有重要意义。

联合国教科文组织通过设立非物质文化遗产名录、提供资金支持、开展国际合作等多种方式，积极推动非物质文化遗产的保护和传承。他们强调，非物质文化遗产的保护不仅仅是保护文化遗产本身，更是保护人类的文化多样性和创造力，是维护世界和平与发展的重要基石。同时，国际组织还注重提升公众对非物质文化遗产的认知和保护意识。他们通过举办展览、演出、讲座等活动，让更多的人了解非物质文化遗产的价值和意义，激发公众对非物质文化遗产的兴趣和热爱。此外，国际组织还积极推动非物质文化遗产的教育和普及工作，将其纳入学校教育体系，培养年轻一代对非物质文化遗产的保护和传承意识。

（二）国内层面的定义

1. 我国法律法规中的非物质文化遗产定义

在我国，非物质文化遗产的法律保护得到了高度重视。相关法律法规对非物质文化遗产进行了明确界定，为其保护提供了法律依据。根据《中华人民共和国非物质文化遗产法》，非物质文化遗产是指各族人民世代相传，并视为其文化遗产组成部分的各种传统文化表现形式，以及与传统文化表现形式相关的实物和场所。这包括传统口头文学及作为其载体的语言，传统美术、书法、音乐、舞蹈、戏剧、曲艺和杂技，传统技艺、医药和历法，传统礼仪、节庆等民俗，以及体育和游艺等。将我国法律法规中的定义与国际层面的《公约》中的定义进行对比后可以发现，两者在核心要素上具有一致性，都强调了非物质文化遗产的传统性、世代相传以及与社区和群体的密切相关性。然而，我国定义在具体表述上更加细化和具体，列举了非物质文化遗产的多种表现形式，如传统美术、书法、音乐、舞蹈等，使得定义更加贴近我国的文化实际和保护需求。

2. 学术界对定义的研究与探讨

不同学者从不同角度出发，对非物质文化遗产的定义提出了各自的观点。一些学者强调非物质文化遗产的文化属性和社会价值，认为它是人类创造力的重要体现，是文化传承和发展的重要载体。他们主张将非物质文化遗产定义为具有历史、艺术和科学价值的传统文化表现形式，以及与之相关的实物和场所。另一些学者则注重非物质文化遗产的活态性和传承性，认为它是不断变化和发展的，需要通过世代相传来保持其生命力和活力。他们倾向于将非物质文化遗产定义为在社区、群体或个人中流传并被视为其文化遗产组成部分的各种传统文化表现形式和实践。

尽管学术界对非物质文化遗产的定义存在不同观点，但这些研究为非物质文化遗产的法律保护提供了丰富的理论支撑和学术依据。学者通过深入研究和探讨，揭示了非物质文化遗产的深刻内涵和独特价值，为制定更加科学、合理的保护政策提供了有力支持。然而，学术界在定义研究方面也存在一定的局限。由于非物质文化遗产的复杂性和多样性，不同学者对其定义的理解和侧重点可能存在差异，导致定义的不统一性和模糊性。此外，随着社会的不断发展和变化，非物质文化遗产的内涵和外延也在不断变化和扩展，需要学术界不断跟进和研究，以适应新的保护需求和挑战。

二、非物质文化遗产的特征

（一）无形性与活态性

1. 无形性的表现与内涵

非物质文化遗产相较于物质文化遗产最显著的特征在于其无形性。这种无形性并非指其完全不存在物质形态，而是强调其核心价值和精髓并不依赖于特定的物质载体，而是蕴含在传承人的技艺、知识、表演、习俗等非物质形态之中。

无形性的表现多种多样。例如，口头文学、民间传说、传统音乐、舞蹈、戏剧等，它们都是通过语言、声音、动作等非物质形式来传递和表达的。这些非物质文化遗产元素，无法像物质文化遗产那样，通过触摸、观察其物质形态来直接感知和理解，而需要通过传承人的表演、传授或相关记录来间接地体验和认识。

无形性给非物质文化遗产的法律保护带来了诸多挑战。首先，无形性使非物质文化遗产的界定和识别变得相对困难。不像物质文化遗产那样有明确的物理边界和形态，非物质文化遗产的边界往往模糊且动态变化。其次，无形性使得非物质文化遗产的权益归属和保护范围难以确定。传承人的技艺、知识等非物质元素，往往难以像物质遗产那样进行明确的所有权划分和保护。最后，无形性增加了非物质文化遗产被侵权的风险。由于非物质文化遗产的复制和传播相对容易，且往往不受物理空间的限制，因此其被未经授权使用或滥用的可能性大大增加。

2. 活态性的体现与价值

活态性是非物质文化遗产的另一个重要特征。它强调的是非物质文化遗产在传承和发展过程中的动态性和生命力。非物质文化遗产不是静止不变的，是随着时代的发展和社会的变迁而不断演变和创新的。

活态性的体现多种多样。例如，传统技艺的传承和发展，往往需要通过师徒传承、家族传承、社区传承等方式，将技艺和知识代代相传。这种传承过程不仅保留了技艺的原始风貌，还在传承中融入了新的元素和创新，使技艺得以不断发展和完善。再如，民间习俗和节庆活动，也是非物质文化遗产活态性的重要体现。它们随着时代的变迁而不断演变，既保留了传统的文化内涵，又融入了现代的生活元素，使得非物质文化遗产在传承中保持了生命力和吸引力。

活态性在非物质文化遗产的传承与发展中具有重要价值。首先，活态性保证了非物质文化遗产的连续性和稳定性。通过世代相传，非物质文化遗产在漫长的历史进程中得以延续和发展，保持了其文化特色和民族特性。其次，活态性促进了非物质文化遗产的创新和发展。在传承过程中，传承人不断融入新的元素和创新，使非物质文化遗产在保持传统特色的同时，具备了时代感和现代性。最后，活态性增强了非物质文化遗产的社会认同感和文化自信心。通过参与和体验非物质文化遗产的传承和发展过程，人们能够更加深刻地理解和认同自己的文化身份和民族特色，从而增强了文化自信心和民族自豪感。

（二）传承性与群体性

1. 传承性的机制与方式

非物质文化遗产的传承性是其核心特征之一，它指的是非物质文化遗产在时间维度上的延续和传递。这种传承性不仅体现在技艺、知识、表演等具体内容的传承上，更体现在文化传承的精神、价值观和审美观念的传递上。

传承性的机制多种多样，其中师徒传承、家族传承和社区传承是最为常见的几种方式。师徒传承是一种直接而有效的传承方式，通过师傅口传心授，徒弟在实践中逐渐掌握技艺的精髓。家族传承往往与家族的历史、传统和荣誉紧密相连，家族成员通过代代相传，保持着对特定非物质文化遗产的传承和发展。社区传承是在一个特定的社区或地域范围内，通过社区成员的共同参与和传承，非物质文化遗产成为社区文化的重要组成部分。

传承机制在非物质文化遗产保护中发挥着至关重要的作用。首先，传承机制确保了非物质文化遗产的连续性和稳定性。通过世代相传，非物质文化遗产在漫长的历史进程中得以延续，保持了其独特性和文化价值。其次，传承机制促进了非物质文化遗产的创新和发展。在传承过程中，传承人不断融入新的元素和创意，使得非物质文化遗产在保持传统特色的同时，具备了时代感和现代性。最后，传承机制增强了非物质文化遗产的社会认知度和影响力。通过传承人的表演、展示和传授，更多的人能够了解和认识到非物质文化遗产的价值和意义，从而提高了其社会认知度和影响力。

2. 群体性的构成与认同

非物质文化遗产的另一个重要特征是群体性。这指的是非物质文化遗产往往与特定的群体或社区紧密相连，是群体或社区文化身份和认同感的重要体现。

群体性的构成多种多样，可能基于地域、民族、宗教、职业等多种因素。例如，某个地区的民间舞蹈、传统手工艺可能只在该地区流传和传承，成为该地区文化的重要组成部分；某个民族的传统节日、习俗和礼仪可能只在该民族内部传承和发展，成为该民族文化身份的重要标志。

群体性在增强文化认同感方面具有重要意义。首先，群体性使得非物质文化遗产成为群体或社区文化身份的象征和标志。通过参与和传承非物质文化遗产，群体成员能够更加深刻地认识到自己的文化身份和归属感，从而增强了文化自信心和自豪感。其次，群体性促进了群体或社区内部的凝聚力和向心力。共同的文化传承和发展使得群体成员之间形成了紧密的联系和纽带，增强了群体或社区的凝聚力和向心力。最后，群体性有助于促进文化多样性和人类文明的进步。不同群体或社区的非物质文化遗产各具特色、异彩纷呈，它们的共同存在和发展丰富了人类文化的多样性，推动了人类文明的发展和进步。

（三）多样性与独特性

1. 多样性的表现与意义

非物质文化遗产的多样性是其最为显著的特征之一，它体现在非物质文化遗产的丰富种类、多元形式以及广泛分布上。这种多样性不仅展现了人类文化的丰富多彩，而且反映了人类社会历史的多样性和复杂性。

多样性的表现形式多种多样。从类型上看，非物质文化遗产包括口头文学、传统音乐、舞蹈、戏剧、曲艺、杂技、传统体育与游艺、传统美术、传统技艺、民俗等多个领域。这些领域各自拥有独特的艺术风格和表现形式，共同构成了非物质文化遗产的瑰丽画卷。从形式上看，非物质文化遗产可以通过语言、音乐、舞蹈、动作、技艺等多种方式来表达和传递，这些形式相互交织、相互融合，使得非物质文化遗产更加生动、鲜活。从分布上看，非物质文化遗产广泛分布于世界各地，不同地域、不同民族、不同文化背景下都孕育着独特的非物质文化遗产，它们共同构成了人类文化的多样性。

多样性在展现文化魅力方面发挥着重要作用。首先，多样性使得非物质文化遗产更加丰富多彩，满足了人们多样化的文化需求。人们可以根据自己的兴趣和喜好，选择和欣赏不同类型的非物质文化遗产，从而感受到文化的魅力和力量。其次，多样性促进了文化的交流和互鉴。不同地域、不同民族的非物质文化遗产在交流中相互借鉴、相互融合，使得文化在交流中得以创新和发展。最后，多样性增强了文化的包容性和开放性。尊重和保护非物质文化遗产的多样性，就是尊重和保护不同文化背景下人们的文化权利和文化身份，从而增强了文化的包容性和开放性。

2. 独特性的价值与保护

非物质文化遗产的独特性是其另一个重要特征，它指的是非物质文化遗产所具有的与众不同的、不可替代的特性。这种独特性使得非物质文化遗产成为人类文化宝库中的瑰宝，具有极高的历史、文化和科学价值。

独特性的价值体现在多个方面。首先，独特性是非物质文化遗产的核心竞争力。正是因为具有独特性，非物质文化遗产才能在众多的文化形式中脱颖而出，成为人们关注的焦点和研究的对象。其次，独特性是非物质文化遗产传承和发展的动力。正是因为具有独特性，非物质文化遗产才能吸引更多的传承人和爱好者参与到其传承和发展中，从而保持其生命力和活力。最后，独特性是非物质文化遗产保护的重要依据。正是因为具有独特性，非物质文化遗产才需要得到特别的保护和关注，以防止其被遗忘、被忽视或被滥用。

在法律保护中，独特性的重要性不言而喻。为了保护非物质文化遗产的独特性，需要采取一系列的法律措施。首先，需要明确非物质文化遗产的法律地位和保护范围，将其纳入法律保护的范畴之内。其次，需要制定专门的法律法规或政策文件，对非物质文化遗产的保护、传承、利用和管理进行规范和指导。再次，需要加强执法力度，对违反法律法规的行为进行查处和惩罚，以维护非物质文化遗产的合法权益。最后，需要加强国际合作与交流，共同推动非物质文化遗产的保护和发展，使其在全球范围内得到更好的传承和弘扬。

第二节　非物质文化遗产的分类与价值

一、非物质文化遗产的分类

（一）按照表现形式分类

1. 传统表演艺术

传统表演艺术是非物质文化遗产的重要组成部分，它涵盖了戏曲、木偶戏、歌舞等多种表现形式。这些艺术形式通过演员的表演，将历史故事、民间传说、生活情感等以生动、直观的方式呈现给观众，不仅丰富了人们的精神文化生活，而且传承了民族的文化记忆和历史智慧。戏曲（如京剧、昆曲、豫剧等）是中国传统表演艺术的瑰宝，它们以独特的唱腔、身段、服饰和化妆，展现了中华文化的深厚底蕴和独特魅力。木偶戏是一种以木偶为表演媒介的艺术形式，它通过木偶的动作、表情和声音，讲述着各种故事和传说，深受孩子喜爱。歌舞艺术是通过舞蹈和音乐的结合，表达了人们的情感和生活，如蒙古族的"那达慕"大会上的歌舞表演，就充分展示了蒙古族人民的豪放与热情。

传统表演艺术在文化传承中发挥着重要作用。它们不仅是民族文化的重要载体，更是民族精神的重要体现。通过传统表演艺术的传承与发展，人们可以更好地了解和认识自己的民族文化，增强民族自豪感和文化自信心。同时，传统表演艺术是民族文化交流的重要桥梁，通过国际交流与合作，可以促进不同文化之间的了解和尊重。

2. 社会风俗、礼仪与节庆

社会风俗、礼仪与节庆是非物质文化遗产的又一重要组成部分，它们反映了人们在社会生活中的行为规范和价值观念，也是社区凝聚力和文化认同的重要体现。

不同文化背景下的风俗、礼仪与节庆活动各具特色。例如，中国的春节、中秋节等传统节日，人们会通过贴春联、放鞭炮、吃团圆饭等方式来庆祝，这些活动不仅增强了家人之间的亲情和友谊，而且促进了社区之间的和谐与团结。而在西方文化中，圣诞节、复活节等节日有着浓厚的宗教色彩，人们会通过祈祷、唱圣诞歌等方式来庆祝。这些风俗、礼仪与节庆活动对社区凝聚力和文化认同的促进作用不言而喻。它们通过共同的活动和仪式，增强了社区成员之间的归属感和认同感，使得社区更加团结和和谐。同时，这些活动也是文化传承的重要方式，通过代代相传，使得民族文化得以延续和发展。

3. 传统手工艺技能

传统手工艺技能是非物质文化遗产中的又一瑰宝，它包括陶瓷制作、纺织、木雕等多种技艺。这些技艺不仅体现了人类的智慧和创造力，而且是民族文化的重要组成部分。

陶瓷制作是一种古老的手工艺技能，泥土经过成型、施釉、烧制等工序，被制作成各种精美的陶瓷器皿。中国的瓷器以独特的造型、精美的釉色和高超的工艺水平，享誉世界。纺织技艺是人类最早的手工艺之一，纤维材料经过纺纱、织造等工序，被制作成各种衣物和纺织品。不同地域和民族的纺织技艺各具特色，如中国的丝绸织造技艺、印度的手工刺绣技艺等。木雕是一种以木材为原材料，通过雕刻等工序制作各种艺术品和实用品的技艺。木雕作品不仅具有观赏价值，而且体现了雕刻师的审美追求和艺术才华。

传统手工艺技能在历史上的传承与发展是源远流长的。它们通过师徒传承、家族传承、社区传承等方式，得以代代相传并不断发展创新。然而，在现代社会中，随着工业化、城市化的加速发展以及人们生活方式的改变，传统手工艺技能面临着严峻的挑战。因此，需要加强对传统手工艺技能的保护与传承工作，通过政策扶持、资金支持、教育培训等方式，促进传统手工艺技能的传承与发展，让其在现代社会焕发出新的生机与活力。

（二）按照地域与民族分类

1. 特定地域的非物质文化遗产

特定地域的非物质文化遗产，是指那些在特定地理区域或城市中形成、发展并传承下来的非物质文化遗产。这些非物质文化遗产往往与该地域的自然环境、历史背景、社会结构、生产方式以及民俗习惯等密切相关，具有鲜明的地域特色和文化标识。如江南水乡的评弹、苏州的刺绣、景德镇的陶瓷技艺等，都是特定地域非物质文化遗产的杰出代表。评弹以独特的说唱形式和细腻的情感表达，展现了江南水乡的文化韵味和生活风情；苏州刺绣以精湛的技艺和精美的图案，彰显了苏州"丝绸之府"的文化底蕴；景德镇陶瓷技艺以悠久的历史和卓越的品质，成为中国陶瓷艺术的瑰宝。

地域因素对非物质文化遗产的形成与发展具有深远影响。一方面，地域的自然环境和资源条件为非物质文化遗产的产生提供了物质基础。例如，江南水乡的水网密布为评弹的传唱提供了得天独厚的条件；苏州的丝绸产业为刺绣技艺的发展提供了广阔的舞台。另一方面，地域的社会文化和历史传统为非物质文化遗产的传承提供了精神支撑。地域文化的独特性和多样性，使得非物质文化遗产在传承过程中能够保持其原真性和独特性。在保护与传承策略上，特定地域的非物质文化遗产需要注重原生性保护和活态传承。原生性保护强调保持非物质文化遗产的原始风貌和文化内涵，避免过度商业化和同质化倾向；活态传承强调非物质文化遗产在现实生活中的应用和创新，使其能够适应时代发展的需要并焕发新的生机。同时，政府、社会组织和民间力量应共同参与，形成多元化的保护和传承体系。

2. 特定民族的非物质文化遗产

特定民族的非物质文化遗产，是指那些由特定民族创造、传承并发展起来的非物质文化遗产。这些非物质文化遗产往往与该民族的历史记忆、宗教信仰、生活方式以及审美追求等紧密相连，具有独特的民族特色和文化价值。中国的少数民族非物质文化遗产尤为丰富多样，如蒙古族的马头琴音乐、藏族的唐卡绘画、维吾尔族的十二木卡姆等。马头琴音乐以悠扬的旋律和深邃的情感，表达了蒙古族人民对草原的热爱和对生活的感悟；唐卡绘画以精细的笔触和丰富的色彩，展现了藏族文化的神秘与庄严；十二木卡姆以复杂的节奏和多变的旋律，体现了维吾尔族音乐的独特魅力和深厚底蕴。

民族非物质文化遗产在民族文化中占据着举足轻重的地位。它们是民族文化的瑰宝和象征，承载着民族的历史记忆和文化基因。通过传承和发展民族非物质文化遗产，可以增强民族的文化自信心和认同感，促进民族的团结和进步。在跨文化交流中，民族非物质文化遗产也具有重要的价值和意义。它们不仅是民族文化展示的重要窗口，而且是不同文化之间相互了解和尊重的桥梁。通过展示和交流民族非物质文化遗产，可以增进不同文化之间的理解和友谊，促进文化的多样性和包容性。同时，民族非物质文化遗产也是文化创新的重要源泉，可以为现代文化创作提供灵感和素材。

二、非物质文化遗产的价值

（一）文化价值

1. 历史文化价值的体现

非物质文化遗产作为人类历史长河中积淀下来的文化瑰宝，承载着丰富的历史文化信息，是历史文化传承的重要载体。它们以独特的形式和内容，记录了人类社会的发展历程、思想观念、生活方式以及艺术创造，成为我们理解过去、认识现在、展望未来的重要窗口。

非物质文化遗产在历史文化传承中发挥着不可替代的作用。首先，它们是历史记忆的活化石，通过口传心授、师徒传承等方式，将历史的故事、传说、技艺等一代代传承下去，使得我们能够追溯久远的过去，感受历史的厚重与深邃。例如，中国的四大名著、民间的传说故事、传统的戏曲剧目等，都是非物质文化遗产中的历史文化宝藏，它们以生动的艺术形式，展现了中华民族的历史文化和民族精神。其次，非物质文化遗产作为历史文化的见证，具有极高的历史研究价值。它们不仅反映了特定历史时期的社会风貌、文化特征和民族心理，而且为我们提供了研究历史、理解文化、探索人类文明发展规律的重要线索。通过深入研究非物质文化遗产，我们可以更加全面地了解人类历史的发展脉络，揭示文化演变的内在机制，为构建人类命运共同体提供文化支撑。

2. 文化多样性的维护

非物质文化遗产是维护文化多样性的重要基石。文化多样性是人类文明进步的重要动力，它体现了不同民族、不同地区、不同历史时期文化的独特性和多样性，使得世界文化呈现丰富多彩、生机勃勃的景象。

非物质文化遗产作为文化多样性的重要组成部分，展现了人类文化的多元性和包容性。它们以各自独特的形式和内容，表达了不同民族、不同地区人民的文化认同和审美追求，使得世界文化更加丰富多彩。例如，世界各地的民族音乐、舞蹈、戏曲、手工艺等非物质文化遗产，都是人类文化多样性的生动体现，它们以各自独特的艺术魅力，吸引着世人的目光。文化多样性对人类文明进步做出了巨大贡献。它促进了不同文化之间的交流与融合，推动了文化的创新与发展。在全球化日益加速的今天，文化多样性更加成为维护世界和平与稳定、促进共同发展与繁荣的重要力量。因此，保护和传承非物质文化遗产，维护文化多样性，对于推动人类文明进步、构建人类命运共同体具有重要意义。

（二）社会价值

1. 增强社区凝聚力

非物质文化遗产作为社区文化的重要组成部分，在增强社区凝聚力方面发挥着不可替代的作用。它们不仅是社区历史的见证，更是社区成员共同记忆和身份认同的象征，通过传承和弘扬非物质文化遗产，可以有效地促进社区成员之间的交流与合作，增强社区的凝聚力和向心力。非物质文化遗产的传承活动往往涉及社区内的多个家庭和个体，需要大家共同努力、协作完成。例如，传统的节日庆典、民间技艺展示、民俗表演等，都需要社区成员积极参与、相互配合，才能呈现完整的文化景观。在这个过程中，社区成员之间的交流和互动得以加强，彼此之间的了解和信任也逐渐增进，从而形成了紧密的社区联系和强烈的归属感。非物质文化遗产作为社区文化的瑰宝，承载着社区的历史记忆和文化传统。通过传承和弘扬非物质文化遗产，可以让社区成员更加深刻地认识到自己的文化根源和身份认同，从而增强对社区的认同感和归属感。这种认同感和归属感是社区凝聚力的重要来源，它使得社区成员更加愿意为社区的发展贡献自己的力量，共同维护社区的利益和荣誉。

2. 促进社会和谐

非物质文化遗产在促进社会和谐方面也具有独特的价值。它们作为人类文化的多样性表现，不仅丰富了社会文化生活，而且为化解社会矛盾、增进社会共识提供了有效的途径。一方面，非物质文化遗产的传承和弘扬有助于增进不同社群之间的理解和尊重。通过展示和交流各自的文化遗产，不同社群可以更加深入地了解彼此的文化传统和生活方式，从而消除误解和偏见，增进相互之间的理解和尊重。这种理解和尊重是构建和谐社会的重要基础，它有助于化解社会矛盾，促进社会的稳定和团结。另一方面，非物质文化遗产作为共同的文化财富，可以激发社会成员的共鸣和认同感。许多非物质文化遗产都蕴含着深刻的人生哲理和正确的道德观念，它们以艺术的形式表达了人类对美好生活的向往和追求。通过传承和弘扬这些文化遗产，可以引导社会成员树立正确的价值观和道德观，增强社会的凝聚力和向心力。同时，这些非物质文化遗产还可以作为社会共识的载体，促进不同社群之间的交流和合作，共同推动社会的进步和发展。

（三）经济价值

1. 文化产业的发展动力

非物质文化遗产作为人类文化的瑰宝，不仅承载着丰富的历史文化信息，而且蕴含着巨大的经济价值，是推动文化产业发展的重要动力。非物质文化遗产为文化产业提供了丰富的创意资源。许多非物质文化遗产，如传统手工艺、民间音乐舞蹈、戏曲艺术等，都蕴含着独特的艺术魅力和文化内涵，可以为文化创意产业提供源源不断的灵感和素材。通过将这些传统元素与现代设计理念相结合，可以创造出具有独特魅力和市场竞争力的文化产品，满足消费者对文化多样性的需求。非物质文化遗产的传承与发展促进了文化产业链的延伸。以传统手工艺为例，其不仅可以直接作为文化产品销售，而且可以带动相关产业（如原材料供应、设计研发、生产制造、市场推广等）的发展。这些产业的协同发展，形成了完整的文化产业链，为文化产业的繁荣发展提供了有力支撑。将非物质文化遗产转化为文化产业资源，一方面，需要加强对非物质文化遗产的保护与传承，确保其原真性和完整性，为文化产业提供可持续的创意源泉；另一方面，需要积极引导和支持文化企业对非物质文化遗产进行创新性转化和开发，通过现代科技手段和市场运营模式，将传统文化元素融入现代文化产品，提升其市场竞争力和影响力。

2. 提升旅游吸引力

非物质文化遗产作为地方文化的重要组成部分，对提升旅游吸引力具有显著作用。将非物质文化遗产与旅游资源相结合，可以开发出具有独特魅力的旅游产品，吸引更多的游客前来体验，从而促进地方经济的发展。非物质文化遗产为旅游提供了丰富的文化内涵和体验项目。许多非物质文化遗产，如民俗表演、传统节庆活动、手工艺展示等，都可以作为旅游项目进行开发，为游客提供独特的文化体验和视觉享受。这些项目不仅丰富了旅游内容，而且提升了旅游的品质和吸引力。利用非物质文化遗产开发旅游资源，有助于推动地方经济的多元化发展。通过发展文化旅游，可以带动餐饮、住宿、交通等相关产业的发展，增加就业机会和收入来源。同时，文化旅游的发展还可以提升地方的知名度和美誉度，吸引更多的投资和人才，为地方经济的长期发展奠定坚实基础。利用非物质文化遗产开发旅游资源，一方面，需要加强对非物质文化遗产的挖掘和整理，了解其历史渊源、文化内涵和特色亮点，为旅游开发提供有力支撑；另一方面，需要结合市场需求和游客偏好，对非物质文化遗产进行创新性转化和包装，打造出具有市场竞争力和吸引力的旅游产品。同时，需要加强对旅游市场的监管和规范，确保旅游开发的可持续性和效益性。

第三节　非物质文化遗产保护的国际背景与国内现状

一、非物质文化遗产保护的国际背景

（一）国际组织的推动与倡议

1. 联合国教科文组织的作用

联合国教科文组织在非物质文化遗产保护方面发挥着主导作用，是全球非物质文化遗产保护工作的引领者和推动者。自成立以来，联合国教科文组织一直致力于推动全球文化的多样性和文化遗产的保护，非物质文化遗产作为其关注的重点领域之一，得到了该组织的高度重视。

联合国教科文组织在非物质文化遗产保护方面的核心成果之一是通过了《公约》。《公约》于2003年10月通过，2006年正式生效，是国际上第一部专门保护非物质文化遗产的法律文件。《公约》明确了非物质文化遗产的定义，即指被各群体、团体、有时为个人所视为其文化遗产的各种实践、表演、表现形式、知识体系和技能及其有关的工具、实物、工艺品和文化场所。同时，《公约》还强调了非物质文化遗产的重要性，认为它是文化多样性的重要体现，对于维护人类文化多样性和促进可持续发展具有重要意义。

《公约》的核心内容包括保护非物质文化遗产的原则、措施和国际合作机制等。它要求缔约国采取必要措施，确保其领土内的非物质文化遗产得到保护、弘扬和传承；鼓励各缔约国在尊重文化多样性的基础上，开展国际合作，共同推动非物质文化遗产的保护工作；设立了非物质文化遗产基金，为发展中国家提供技术和财政支持，帮助其更好地实施保护计划。

联合国教科文组织还通过设立非物质文化遗产名录、举办非物质文化遗产保护论坛等方式，推动全球范围内非物质文化遗产的保护和传承。这些举措不仅提高了全球对非物质文化遗产保护的认识和重视程度，而且为各国提供了交流与合作的平台，促进了非物质文化遗产保护工作的深入开展。

2. 其他国际组织的参与和贡献

除了联合国教科文组织外，世界知识产权组织、国际民间艺术组织等国际组织也在非物质文化遗产保护中发挥着重要作用。

世界知识产权组织作为联合国的一个专门机构，负责在全球范围内促进知识产权的保护和发展。在非物质文化遗产保护方面，世界知识产权组织通过制定相关国际规则和标准，为非物质文化遗产的知识产权保护提供法律框架。例如，世界知识产权组织与联合国教科文组织共同推出了"传统知识和传统文化表现形式保护项目"，旨在帮助各国建立和完善非物质文化遗产的知识产权保护制度，促进传统文化的传承和发展。

国际民间艺术组织是一个致力于推动全球民间艺术交流与合作的国际

组织。在非物质文化遗产保护方面，国际民间艺术组织通过组织国际民间艺术节、展览和研讨会等活动，为各国民间艺术家提供展示和交流的平台，促进了非物质文化遗产的传播和普及。同时，国际民间艺术组织积极参与国际非物质文化遗产保护项目的实施，为发展中国家提供技术支持和培训，帮助其提高非物质文化遗产的保护能力和水平。

（二）国际法律框架的构建与发展

1. 国际法律文件的制定与实施

在非物质文化遗产保护领域，国际法律文件的制定与实施起到了至关重要的作用。这些法律文件为全球非物质文化遗产保护工作提供了法律基础和指导原则，促进了各国在非物质文化遗产保护方面的合作与交流。其中，最为核心的国际法律文件是联合国教科文组织通过的《公约》。《公约》不仅明确了非物质文化遗产的定义和重要性，而且规定了保护非物质文化遗产的原则、措施和国际合作机制。为了具体实施《公约》，联合国教科文组织还制定了《保护非物质文化遗产实施细则》（以下简称《实施细则》）。《实施细则》对《公约》中的各项条款进行了详细解释和具体规定，为缔约国实施《公约》提供了可操作性的指导。

除了《公约》及其《实施细则》外，还有其他一些国际法律文件与非物质文化遗产保护密切相关。例如，世界知识产权组织制定了一系列关于传统文化和民间文学艺术表达保护的国际规则和标准，这些规则和标准与非物质文化遗产保护紧密相连，为非物质文化遗产的知识产权保护提供了法律框架。这些国际法律文件的制定与实施，对各国非物质文化遗产保护工作起到了重要的指导作用。它们为各国提供了保护非物质文化遗产的法律基础和依据，促进了各国在非物质文化遗产保护方面的立法和政策制定。同时，这些法律文件还鼓励各国开展国际合作，共同推动非物质文化遗产的保护和传承。

2. 国际法律框架的完善与趋势

随着全球对非物质文化遗产保护认识的不断提高和深入，国际法律框架在非物质文化遗产保护方面也在不断完善和发展。一方面，国际法律文件的内容不断充实和完善。例如，《公约》及其《实施细则》在实施过程中，根据各国反馈和实际情况，不断进行修订和完善，以适应非物质文化遗产保护工作的新需求和新挑战。同时，国际社会还在不断探索和制定新的国际法律文件，以填补非物质文化遗产保护领域的法律空白。另一方面，国际法律框架的适用范围和影响力不断扩大。随着越来越多的国家加入《公约》，国际法律框架在非物质文化遗产保护方面的作用日益凸显。同时，国际社会还在积极推动非物质文化遗产保护与其他国际法律领域的交叉融合，如与知识产权法、国际贸易法等领域的衔接和协调，从而形成更加完整和系统的国际法律框架。

未来，国际法律框架在非物质文化遗产保护方面可能的发展方向和趋势包括：进一步加强国际合作与交流，推动各国在非物质文化遗产保护方面的立法和政策协调；不断完善和更新国际法律文件，以适应非物质文化遗产保护工作的新需求和新挑战；加强非物质文化遗产保护与国际法律其他领域的衔接和协调，形成更加完整和系统的国际法律框架；提高国际社会对非物质文化遗产保护的认识和重视程度，推动全球范围内非物质文化遗产保护工作的深入开展。

二、非物质文化遗产保护的国内现状

（一）政策法规的制定与执行

1. 国家层面的政策法规

在我国，非物质文化遗产保护工作得到了国家层面的高度重视，并通过一系列政策法规的制定与执行，为非物质文化遗产的保护和传承提供了有力的法律保障和政策支持。《中华人民共和国非物质文化遗产法》是我国第一部专门保护非物质文化遗产的法律，标志着我国非物质文化遗产保护工作进入了法制化、规范化的新阶段。该法明确了非物质文化遗产的定义、保护原则、保护措施以及法律责任等，为非物质文化遗产的保护工作提供了基本的法律框架。

此外，国务院还制定了一系列与非物质文化遗产保护相关的行政法规，如《中国传统工艺振兴计划》《国家级非物质文化遗产保护与管理暂行办法》等。这些行政法规进一步细化了非物质文化遗产保护的具体措施和管理办法，为非物质文化遗产的保护和传承提供了更加具体的操作指南。同时，国家还出台了一系列政策文件，如《关于进一步加强非物质文化遗产保护工作的意见》《关于支持传统戏曲传承发展的若干政策》等。这些政策文件强调了非物质文化遗产保护的重要性和紧迫性，提出了加强非物质文化遗产保护工作的具体措施和要求，为非物质文化遗产的保护和传承提供了政策支持和保障。这些国家层面的政策法规的制定与执行，为我国非物质文化遗产保护工作提供了有力的法律保障和政策支持。它们明确了非物质文化遗产的保护原则、措施和责任，规范了非物质文化遗产的管理和利用，促进了非物质文化遗产的传承和发展。

2. 地方层面的政策法规

在地方层面，各地政府也积极响应国家号召，结合当地实际，制定了一系列地方性法规和政策，以推动非物质文化遗产保护工作的深入开展。地方政府通过制定地方性法规，明确了非物质文化遗产的保护范围、保护措施和法律责任，为当地非物质文化遗产的保护工作提供了法律依据。例如，一些地方制定了非物质文化遗产保护方面的条例，对当地非物质文化遗产的定义、分类、保护原则、保护措施以及法律责任等进行了详细规定。同时，地方政府还出台了一系列政策文件，如《关于进一步加强非物质文化遗产保护工作的意见》《关于支持传统戏曲传承发展的若干政策》等。这些政策文件结合当地实际，提出了加强非物质文化遗产保护工作的具体措施和要求，如加强非物质文化遗产的调查、记录、研究、宣传、传承等，支持非物质文化遗产传承人开展传承活动，推动非物质文化遗产与旅游、教育等产业的融合发展。

地方政策法规在结合当地实际、推动保护工作方面展现出鲜明的特点和成效。它们注重因地制宜，根据当地非物质文化遗产的资源和特色，制定针对性的保护措施和政策；注重传承人的保护和培养，通过资金支持、荣誉表彰等方式，激励传承人积极开展传承活动；注重社会参与和共享，通过宣传教育、展示展览等方式，提高公众对非物质文化遗产的认识和了解，促进非物质文化遗产的传承和发展。

（二）保护实践的探索与创新

1. 保护机构的建立与运作

在推进我国非物质文化遗产保护工作过程中，保护机构的建立与运作起到了至关重要的作用。这些机构不仅为非物质文化遗产的保护提供了组织保障，而且在实践中不断探索和创新保护方式，推动了非物质文化遗产保护工作的深入开展。我国建立了国家、省、市、县四级非物质文化遗产保护中心体系。这些保护中心负责非物质文化遗产的调查、记录、研究、宣传、传承等工作，是非物质文化遗产保护的重要力量。国家非物质文化遗产保护中心作为最高级别的保护机构，负责全国非物质文化遗产保护工作的规划和指导；各省、市、县非物质文化遗产保护中心根据当地实际情况，具体负责当地非物质文化遗产的保护工作。此外，我国还建立了一批非物质文化遗产研究基地。这些研究基地依托高校、科研机构等，聚集了一批非物质文化遗产研究领域的专家学者，通过深入研究非物质文化遗产的内涵、价值、传承方式等，为非物质文化遗产的保护提供了理论支撑和智力支持。这些保护机构在非物质文化遗产保护工作中发挥着重要的职责和作用。它们通过调查、记录等方式，全面掌握了非物质文化遗产的资源和现状；通过研究、宣传等方式，提高了公众对非物质文化遗产的认识和了解；通过传承、培训等方式，培养了非物质文化遗产的传承人和保护工作者；通过合作、交流等方式，推动了非物质文化遗产的国际传播和交流。

2. 保护项目的实施与成效

在非物质文化遗产保护实践中，我国实施了一系列重点项目，取得了显著成效。这些项目不仅涵盖了非物质文化遗产的各个领域，而且注重结合时代发展和社会需求，推动非物质文化遗产的创新性发展和传承。其中，传统戏曲振兴工程是非物质文化遗产保护领域的重点项目之一。该工程通过资金支持、剧目扶持、人才培养等方式，推动了传统戏曲的传承和发展。许多传统戏曲剧目得到了恢复和排演，一批年轻演员得到了培养和锻炼，传统戏曲的观众群体也逐渐扩大。

手工艺传承计划也是非物质文化遗产保护的重要项目。该计划通过设立传承基地、举办传承活动、开展传承培训等方式，推动了手工艺技艺的传承和发展。许多濒临失传的手工艺技能得到了抢救和保护，一批手工艺传承人得到了认定和支持，手工艺品的市场也得到了拓展。除了传统戏曲振兴工程和手工艺传承计划，我国还实施了民族民间文化保护工程、非物质文化遗产记录工程等重点项目。这些项目的实施，不仅有效地保护了非物质文化遗产，而且推动了非物质文化遗产的传承和创新性发展。这些保护项目的实施效果显著，对非物质文化遗产保护做出了重要贡献。它们通过具体项目的实施，推动了非物质文化遗产的保护和传承工作；通过资金的支持和政策的扶持，激发了非物质文化遗产传承人和保护工作者的积极性与创造力；通过宣传和推广，提高了公众对非物质文化遗产的认识和了解；通过合作和交流，推动了非物质文化遗产的国际传播和交流。

（三）面临的挑战与应对策略

1. 面临的挑战分析

在现代化进程中，非物质文化遗产保护面临着诸多挑战，这些挑战对传统文化的存续和发展构成了严重威胁。随着城市化的不断推进，许多传统村落和社区逐渐消失，与之相伴的非物质文化遗产也面临着失传的风险。城市化带来的生活方式变革，使得年轻一代对传统文化的兴趣和认同感逐渐减弱，非物质文化遗产的传承面临着断层的风险。在市场经济环境下，一些非物质文化遗产被过度商业化，失去了其原有的文化内涵和价值。同时，商业化的运作模式也可能导致非物质文化遗产的传承人为了追求经济利益而忽视传承工作的本质，进一步地加剧了非物质文化遗产的危机。此外，非物质文化遗产传承中的人才短缺和资金不足问题也日益凸显。许多非物质文化遗产传承人年迈体弱，后继无人，导致传承工作难以为继。同时，非物质文化遗产保护工作需要大量的资金投入，但目前政府和社会各界的投入仍然有限，难以满足保护工作的实际需求。

2. 应对策略探讨

针对上述挑战，我们需要采取切实有效的策略来加强非物质文化遗产的保护工作。首先，加大政府投入是非物质文化遗产保护的重要策略之一。政府应该增加对非物质文化遗产保护工作的财政拨款，用于支持传承人的培训、传承活动的组织、非物质文化遗产的记录和研究等工作。同时，政府还应该制定相关优惠政策，鼓励企业和社会各界参与非物质文化遗产保护工作，形成多元化的保护机制。其次，完善法律法规是加强非物质文化遗产保护的重要手段。应该进一步地健全非物质文化遗产保护的法律体系，明确非物质文化遗产的定义、保护原则、保护措施，以及法律责任等，为非物质文化遗产的保护提供有力的法律保障。同时，应该加强对非物质文化遗产保护工作的执法力度，严厉打击破坏非物质文化遗产的行为。最后，加强国际合作也是非物质文化遗产保护的重要途径。应该积极参与国际非物质文化遗产保护的合作与交流，借鉴国际先进经验和技术，推动我国非物质文化遗产保护工作的国际化进程。同时，可以通过国际合作项目，争取国际资金和技术支持，为我国非物质文化遗产保护工作提供更多的资源和帮助。这些策略在应对非物质文化遗产保护面临的挑战方面具有可行性和有效性。加大政府投入可以解决资金不足的问题，为非物质文化遗产保护工作提供必要的物质保障；完善法律法规可以规范非物质文化遗产保护工作的行为，为保护工作提供法律支持；加强国际合作可以拓宽保护工作的视野和思路，为保护工作提供更多的国际经验和资源。

第四节　非物质文化遗产保护的重要性与紧迫性

一、非物质文化遗产保护的重要性

（一）对文化传承与发展的意义

1. 维护文化多样性与人类文明

非物质文化遗产作为人类文化多样性的重要组成部分，承载着丰富的历史信息和深厚的文化底蕴。它是人类在长期历史发展过程中，通过世代相传、不断积累而形成的独特文化财富，体现了人类创造力和智慧的多样性。非物质文化遗产的保护对于维护世界文化的多元性具有至关重要的作用。

在全球化日益加速的今天，文化同质化现象日益严重，许多独特的文化元素和表现形式面临着被遗忘和消失的风险。非物质文化遗产的保护有助于保持和弘扬各民族、各地区的独特文化特色，防止文化单一化的趋势，从而维护世界文化的多样性和丰富性。这种多样性不仅是人类文明的宝贵财富，而且是推动人类文明进步的重要动力。同时，非物质文化遗产在传承历史文化、彰显民族特色方面具有独特价值。它通过口头传说、表演艺术、社会实践、仪式和节庆活动等形式，传承着人类的历史记忆、价值观念、审美情趣和民族精神。这些非物质文化遗产元素，不仅是一个民族或地区文化身份的重要标志，更是人类共同的文化遗产，对于增进人类相互理解和尊重、促进世界和平与发展具有重要意义。

2. 促进文化创新与可持续发展

非物质文化遗产不仅承载着过去的文化记忆，更为现代文化创作提供了丰富的灵感和素材。许多现代文化作品，如文学、艺术、影视等，都深受非物质文化遗产的影响和启发。通过挖掘和利用非物质文化遗产中的文化元素和表现形式，可以激发创作者的灵感，推动文化创新，促进现代文化的繁荣发展。此外，非物质文化遗产的保护与利用在促进文化产业、旅游业等可持续发展方面也具有巨大潜力。许多非物质文化遗产元素，如传统手工艺、民俗表演、节庆活动等，都具有独特的文化魅力和市场吸引力。通过合理开发和利用这些非物质文化遗产资源，可以发展具有地方特色的文化产业和旅游业，带动当地经济发展，促进就业和增收。同时，这种可持续发展模式也有助于保护和传承非物质文化遗产，实现文化与经济的双赢。

（二）对社会和谐与稳定的贡献

1. 增强社区凝聚力与身份认同

非物质文化遗产作为社区文化的重要组成部分，承载着社区的历史记忆、文化传统和集体智慧。它通过各种形式的文化表达，如传统节庆、民俗活动、口头传说和民间技艺等，将社区成员紧密地联系在一起，增强了社区成员之间的归属感和凝聚力。在社区生活中，非物质文化遗产的传承与实践往往伴随着集体参与和共同体验。这种参与和体验不仅加深了社区成员之间的情感联系，而且促进了社区文化的传承与发展。通过共同参与非物质文化遗产的保护与传承活动，社区成员能够更加深刻地认识到自己所属社区的独特文化和价值，从而确立和强化身份认同。此外，非物质文化遗产在增进民族团结方面也发挥着重要作用。在多民族国家中，各民族的非物质文化遗产都是国家文化宝库中的瑰宝。通过保护和传承这些非物质文化遗产，可以增进各民族之间的了解和尊重，促进民族团结与社会和谐。

2. 促进社会包容性与文化交流

非物质文化遗产具有跨越时空、连接不同文化群体的独特魅力。它作为一种通用的文化语言，能够促进不同文化群体之间的相互理解和尊重，增强社会的包容性。在多元化的社会环境中，非物质文化遗产的保护与传承有助于打破文化隔阂和消除偏见，促进文化交流和融合。通过展示和分享各自的非物质文化遗产，不同文化群体能够更加深入地了解彼此的文化传统和价值观念，从而增进相互之间的理解和尊重。在国际文化交流中，非物质文化遗产也发挥着重要作用。它既是国家文化软实力的重要体现，也是国际文化交流与合作的重要载体。通过国际非物质文化遗产的展示与交流，可以增进各国人民之间的相互了解和友谊，促进世界和平与发展。同时，国际文化交流也为非物质文化遗产的保护与传承提供了新的机遇和平台，推动了非物质文化遗产宣传的国际化进程。

二、非物质文化遗产保护的紧迫性

（一）非物质文化遗产面临的威胁与挑战

1. 现代化进程中的文化冲击

随着现代化、城市化进程的加速推进，非物质文化遗产的生存和发展面临着前所未有的冲击和挑战。现代化带来的生活方式变革、科技革新以及社会结构的调整，都在深刻地影响着非物质文化遗产的传承与发展。一方面，现代化进程中的城市化现象导致许多传统社区和村落的消失或转型，这些社区和村落往往是非物质文化遗产的重要载体。随着城市化的推进，人们的生活方式、价值观念以及审美趣味都发生了显著变化，这使得一些依赖传统社区和村落存在的非物质文化遗产逐渐失去了生存土壤。另一方面，随着国际交流的日益频繁，各种外来文化元素和流行文化趋势不断涌入，对本土文化造成了冲击。这种冲击不仅体现在文化表层的样式和风格上，更深入到文化价值观和审美观念层面，使得一些本土非物质文化遗产在年轻一代中的认同感和传承意愿逐渐减弱。

2. 传承机制的断裂与人才短缺

非物质文化遗产的传承机制是非物质文化遗产得以延续和发展的关键。然而，在当前社会环境下，非物质文化遗产的传承机制面临着断裂的风险。一方面，传承人老龄化问题日益突出。许多非物质文化遗产传承人年迈体弱，甚至面临后继无人的困境。出于年龄原因，这些传承人可能无法继续承担传承工作的重任，而年轻一代又往往对传统文化缺乏兴趣和认同感，导致传承链条出现断裂。另一方面，非物质文化遗产保护领域的人才短缺问题也日益严峻。非物质文化遗产的保护工作需要专业的知识和技能，但目前相关领域的人才储备并不充足。许多地方缺乏专业的非物质文化遗产保护工作者，导致保护工作的质量和效果受到影响。同时，由于非物质文化遗产保护工作的特殊性和复杂性，其人才培养和引进也面临着诸多困难。

（二）加强非物质文化遗产保护的迫切性

1. 保护文化遗产的不可再生性

非物质文化遗产作为人类历史长河中积淀下来的宝贵财富，具有不可再生性。一旦出于各种原因这些文化遗产消失，它们将无法被复原或替代，人类的文化多样性将因此遭受不可估量的损失。非物质文化遗产的不可再生性源于其独特的传承方式和存在形态。它们的延续往往依赖于特定的社区、群体或个人的口传心授、技艺传承和实践活动。然而，随着现代化进程的加速、全球化趋势的加强以及社会环境的变迁，许多非物质文化遗产正面临着前所未有的生存危机。一些传统技艺因无人传承而濒临失传，一些民俗活动因缺乏参与而逐渐消失，一些口头传说和民间文学因无人记录而逐渐被人遗忘。因此，加强非物质文化遗产保护工作显得尤为迫切。必须通过立法、政策、资金等多种手段，为非物质文化遗产的保护提供有力保障。同时，还需要加强宣传教育，提高公众对非物质文化遗产的认识和保护意识，让更多的人参与到保护工作中来。只有这样，才能有效地防止非物质文化遗产的灭失，确保它们得以传承和发展。

2. 履行国际义务与责任

我国作为《公约》的缔约国，承担着保护非物质文化遗产的国际义务和责任。《公约》旨在保护非物质文化遗产，确保其在全球范围内的传承和发展，并强调各缔约国应共同努力，采取必要措施保护非物质文化遗产。加强非物质文化遗产保护工作，对于我国履行国际义务、提升国际形象具有重要意义。一方面，通过积极参与国际非物质文化遗产保护合作与交流，可以展示我国在非物质文化遗产保护方面的成果和经验，增强国际社会对我国的认可和尊重。另一方面，通过加强国内非物质文化遗产保护工作，可以为国际非物质文化遗产保护事业做出更大贡献，提升我国在国际文化领域的影响力和话语权。此外，加强非物质文化遗产保护工作还有助于促进文化多样性和人类文明的进步。非物质文化遗产是人类文化多样性的重要组成部分，它们承载着各民族、各地区的独特文化基因和历史文化信息。通过保护非物质文化遗产，我们可以促进不同文化之间的交流与融合，推动人类文明的进步和发展。

第二章　非物质文化遗产法律保护的理论基础

第一节　知识产权法与非物质文化遗产保护的关系

一、知识产权法的基本概念与原则

（一）知识产权法的定义与范畴

1. 知识产权法的概念界定

知识产权法作为调整因创造、使用、转让和保护智力成果及商业标识等所产生的社会关系的法律规范的总称，其核心在于保护创作者的智力劳动成果以及商业活动中的标识性权益。具体而言，知识产权法调整的对象包括著作权、商标权、专利权等智力成果权以及与之相关的权利义务关系。其目的在于鼓励创新，促进知识、技术和文化的传播与发展，同时保护创作者的合法权益，维护市场竞争秩序。知识产权法作为现代法律体系的重要组成部分，其主要构成部分包括著作权法、商标法、专利法等。著作权法保护文学、艺术和科学作品作者的著作权及其相关权益；商标法保护商标专用权，维护商标信誉，以促进商品和服务质量的提高；专利法保护发明创造专利权，鼓励发明创造，推动科学技术进步和经济社会发展。

2. 知识产权的范畴与特点

知识产权的范畴广泛，主要包括著作权、商标权、专利权以及商业秘密等。著作权是文学、艺术和科学作品作者对其作品享有的专有权利；商标权是商标所有人对其注册商标所享有的独占的、排他的权利；专利权是发明人或设计人对其发明创造享有的独占权。此外，商业秘密作为一种未公开的技术信息或经营信息，也受到知识产权法的保护。知识产权具有如下独有的特点。首先，知识产权的客体是无形的智力成果或商业标识，这与有形财产权形成鲜明对比。其次，知识产权具有专有性，即权利人对其智力成果或商业标识享有独占的权利，未经许可，他人不得擅自使用。最后，知识产权具有地域性，即知识产权的保护范围通常限于一国或一地区之内，若超出该范围，则可能不受保护。这些特点使得知识产权法在保护非物质文化遗产等智力成果方面具有独特的优势和作用。

（二）知识产权法的基本原则

1. 保护创新与鼓励传播的原则

知识产权法的核心原则之一是保护创新成果，并鼓励知识的传播与应用。这一原则体现在知识产权法的各个方面，旨在通过法律手段保护创作者的智力劳动成果，防止其被未经授权的他人擅自使用或侵占，从而维护创作者的合法权益。

著作权法通过赋予作者对其作品享有复制权、发行权、表演权等一系列专有权利，保护了作者的创作成果，使其能够控制作品的使用方式，并从中获得经济报酬。商标法通过保护商标专用权，防止他人混淆或盗用商标，维护了商标所有人的商誉和消费者权益。专利法通过授予发明人或设计人专利权，保护了其发明创造的独占性，鼓励了技术创新和发明创造。这一原则在促进科技进步、文化发展方面发挥着重要作用。通过保护创新成果，知识产权法激发了创作者的创作热情和创新动力，推动了新技术、新作品和新思想的不断涌现。同时，知识产权法也鼓励知识的传播与应用，通过设定合理的使用规则和许可制度，使得知识能够在保护创作者权益的前提下得到广泛传播和应用，促进了社会的进步和发展。

2. 利益平衡原则

知识产权法中的另一条重要原则是利益平衡原则。这一原则要求在保护知识产权权利人利益的同时，要兼顾社会公共利益，确保知识产权制度的公平性与合理性。在知识产权法中，权利人利益与社会公共利益之间的平衡是通过一系列法律制度和规则来实现的。例如，著作权法中的合理使用制度允许在一定条件下未经作者许可使用其作品，如为了教育、研究或新闻报道等目的，这既保护了作者的权益，又满足了社会对知识的需求。商标法中的撤销制度规定了在一定情况下可以撤销注册商标，如商标成为通用名称或连续三年不使用等，这有助于防止商标资源的浪费和滥用。专利法中的强制许可制度允许在特定情况下未经专利权人许可使用其发明创造，如为了公共利益或防止专利权人滥用专利权等，这既保护了专利权人的权益，又促进了技术的普及和应用。

利益平衡原则在知识产权保护中的具体应用和体现，体现了知识产权法的公平性与合理性。它既要求充分保护知识产权权利人的合法权益，激发其创新动力和创作热情，又要求兼顾社会公共利益，促进知识的传播与应用，推动社会的进步和发展。这一原则的实现需要法律制度的不断完善和司法实践的不断探索，以确保知识产权制度在保护创新成果和鼓励知识传播之间找到最佳的平衡点。

二、非物质文化遗产与知识产权法的契合点

（一）非物质文化遗产的知识产权属性

1. 非物质文化遗产的创造性与独特性

非物质文化遗产作为人类长期历史发展进程中创造并传承下来的文化财富，其本质是人类创造活动的成果。这些遗产蕴含着丰富的文化内涵和独特的艺术价值，体现了人类在特定历史时期、特定地域环境下的智慧与创造力。因此，非物质文化遗产具有显著的创造性和独特性。这种创造性和独特性与知识产权法的保护对象——智力成果有着高度的契合性。知识产权法旨在保护创作者的智力劳动成果，防止其被未经授权的他人擅自使用或侵占。非物质文化遗产作为人类创造活动的结晶，同样需要法律的保护来维护其独特性和原创性。例如，传统的民间文学、音乐、舞蹈、戏剧等，都是人类智慧的结晶，具有独特的艺术风格和表现形式，这些正是知识产权法所保护的对象。

2. 非物质文化遗产的可复制性与传播性

非物质文化遗产不仅具有创造性和独特性，而且具有可复制性和传播

性。传统技艺、表演艺术等非物质文化遗产形式，可以通过文字、图像、音频、视频等多种方式被记录下来，并进行广泛传播。这种可复制性和传播性，使得非物质文化遗产能够跨越时空界限，被更多的人所了解和欣赏。这种特点也使得非物质文化遗产成为知识产权法保护的可能对象。知识产权法不仅保护创作者的原创作品，而且保护这些作品在被复制、传播过程中的权益。对于非物质文化遗产而言，可复制性和传播性使得其面临着被未经授权的他人复制、传播甚至篡改的风险。因此，通过知识产权法的保护，可以确保非物质文化遗产的合法传播和使用，维护其原创性和完整性。

（二）知识产权法在非物质文化遗产保护中的应用

1. 著作权法对非物质文化遗产的保护

著作权法作为知识产权法的重要组成部分，在非物质文化遗产保护中发挥着关键作用。非物质文化遗产中的许多元素，如民间文学、传统音乐、舞蹈、戏剧等，都属于著作权法保护的对象——作品范畴。著作权法通过赋予作者对其作品享有的一系列专有权利，如复制权、发行权、表演权、广播权等，来保护非物质文化遗产中的作品不被未经授权的他人擅自使用或侵占。对于民间文学、传统音乐等非物质文化遗产，著作权法可以确保这些作品得到合法的传承和发展，防止其被歪曲、篡改或商业化利用而损害其原始文化内涵。然而，著作权法在保护非物质文化遗产方面也面临着一些局限和挑战。首先，非物质文化遗产往往具有群体创作和口头传承的特点，这使得确定作者身份和作品创作时间变得困难。其次，一些非物质文化遗产可能已经进入公共领域，不再受著作权法的保护。最后，著作权法的保护期限有限，对于某些需要长期保护的非物质文化遗产来说，可能无法提供足够的法律保障。

2. 商标法与非物质文化遗产的保护

商标法在非物质文化遗产保护中同样发挥着重要作用。通过注册商标，可以保护传统手工艺品的名称和标识，防止其被他人滥用或混淆。例如，一些具有独特地域特色和传统工艺的手工艺品，如陶瓷、刺绣、木雕等，其名称和标识往往成为消费者识别产品来源和品质的重要标志。商标法的保护可以确保这些传统手工艺品的名称和标识不被他人恶意抢注或冒用，从而维护其市场声誉和消费者信任。同时，商标法还可以促进非物质文化遗产的传承和发展，通过品牌效应提高手工艺品的知名度和市场竞争力。在防止非物质文化遗产被滥用、混淆方面，商标法具有显著的优势。它可以通过法律手段追究侵权者的责任，维护权利人的合法权益。此外，商标法还可以通过设立地理标志等制度，保护具有特定地域特色的非物质文化遗产，促进其可持续发展。

3. 专利法与非物质文化遗产的保护

在非物质文化遗产保护中，专利法的可能应用主要体现在对传统医药、独特工艺等具有创新性和实用性的非物质文化遗产的保护上。然而，专利法的保护对象主要是发明创造，对于非物质文化遗产中的某些元素，如传统知识、技艺等，可能并不完全适用。尽管如此，在某些情况下，专利法仍可以为非物质文化遗产提供一定程度的保护。例如，对于传统医药中的某些独特配方或治疗方法，如果符合专利法的创新性、实用性和新颖性要求，可以通过申请专利来获得法律保护。同样，对于具有独特工艺的手工艺品或传统技艺，如果其制作工艺或技术方法具有创新性，也可以考虑通过专利法来保护。然而，专利法保护非物质文化遗产也面临着一些特殊性和难点。首先，非物质文化遗产往往具有悠久的历史，其创新性和新颖性可能难以符合专利法的要求。其次，专利法的保护期限有限，对于需要长期保护的非物质文化遗产来说，可能无法提供持久的法律保障。最后，专利法的实施需要较高的技术水平和法律意识，对于某些地区或群体来说，实施起来可能存在难度。

三、知识产权法保护非物质文化遗产的挑战与对策

（一）知识产权法保护非物质文化遗产的挑战

1. 法律适用性的挑战

知识产权法作为保护创新成果和智力财产的重要法律手段，在被应用

于非物质文化遗产保护时，面临着法律适用性的挑战。非物质文化遗产具有独特的性质，如群体性、传承性、地域性等，这些特性与知识产权法的一般性规定之间存在冲突，使得知识产权法在保护非物质文化遗产时可能难以完全适应。非物质文化遗产往往是由群体共同创造和传承的，其创作过程和成果难以归属于特定的个人或组织。然而，知识产权法通常是以个体创作者或权利人为保护对象的，这在非物质文化遗产保护中造成了法律适用上的困难。如何确定非物质文化遗产的权利主体，以及如何保障其群体的权益，成为知识产权法需要解决的问题。非物质文化遗产的传承性使得其保护期限难以确定。知识产权法通常规定了有限的保护期限，如著作权法的保护期限为作者终生及死亡后五十年。然而，非物质文化遗产作为历史文化的传承，其价值和意义往往超越了个体的生命周期，需要得到长期甚至永久的保护。这使得知识产权法的保护期限规定在非物质文化遗产保护中显得力不从心。非物质文化遗产的地域性特征也增加了法律适用的复杂性。不同地域的非物质文化遗产具有独特的文化内涵和表现形式，其保护需求和方式也可能存在差异。然而，知识产权法作为全国性或国际性的法律规范，其普遍性和统一性可能与非物质文化遗产的地域性特征产生冲突。

2. 权利主体与权益分配的挑战

非物质文化遗产的权利主体具有多样性和不确定性的特点，这给权益分配带来了复杂性和难题。群体作为非物质文化遗产的主要创造者和传承者，其权益应该得到充分的保障。然而，群体的界定和权益的代表却是一个复杂的问题。社区作为群体的一种组织形式，也可能成为非物质文化遗产的权利主体之一。然而，社区的范围和权益的行使方式同样存在不确定性。个人在非物质文化遗产的创造和传承过程中，也可能发挥重要作用，其权益同样需要得到保护。非物质文化遗产作为历史文化的传承载体，其价值和意义往往超越了物质利益，涉及文化认同、民族尊严等多个方面。因此，在权益分配时，不能简单地以经济利益为唯一标准，还需要考虑文化权益、精神权益等多个方面。同时，由于非物质文化遗产的权利主体具有多样性和不确定性，权益的分配也可能涉及多个主体之间的利益平衡和协调。

（二）加强知识产权法保护非物质文化遗产的对策

1. 完善法律法规与政策体系

为了更有效地保护非物质文化遗产，必须首先完善知识产权法相关法律法规，明确非物质文化遗产的法律地位和保护范围。非物质文化遗产作为人类文化的宝贵遗产，其独特性和价值性要求法律给予特别的关注和保护。因此，建议在现有的知识产权法体系中，明确非物质文化遗产的定义、分类、保护原则和保护措施，确保其在法律层面得到充分的认可和保障。可以通过修订或制定相关法律法规，将非物质文化遗产纳入知识产权法的保护范畴，明确其作为知识产权客体的法律地位。同时，应详细规定非物质文化遗产的保护范围，包括但不限于传统表演艺术、民俗活动、传统手工艺技能、传统医药知识等，确保各类非物质文化遗产都能得到法律的有效保护。此外，政策的制定也是加强非物质文化遗产知识产权保护的重要手段。政府应出台相关政策，鼓励和支持非物质文化遗产的知识产权保护，如提供资金支持、税收优惠等激励措施，激发社会各界参与非物质文化遗产保护的积极性。同时，政策还应明确非物质文化遗产知识产权的保护目标和方向，为相关工作的开展提供明确的指导和依据。

2. 加强执法与司法保护力度

完善的法律法规体系只是保护非物质文化遗产知识产权的第一步，加强执法与司法保护力度才是确保法律得到有效实施的关键。因此，必须加大知识产权执法力度，严厉打击侵犯非物质文化遗产知识产权的行为。执法部门应加强对市场的监管，及时发现和查处侵犯非物质文化遗产知识产权的违法行为，如未经授权使用非物质文化遗产名称、标识或图案等。同时，应建立健全跨部门、跨地区的执法协作机制，形成合力，共同打击侵权行为，维护非物质文化遗产知识产权的合法权益。在司法保护方面，司法机关应加强对非物质文化遗产知识产权案件的审理和保护。对于涉及非物质文化遗产知识产权的纠纷案件，司法机关应依法公正、及时地审理，确保权利人的合法权益得到有效维护。同时，司法机关还应加强对非物质文化遗产知识产权法律问题的研究和探索，不断完善相关司法政策和司法解释，为非物质文化遗产知识产权的保护提供有力的司法保障。

第二节　国际法框架下的非物质文化遗产保护原则

一、国际法框架下的非物质文化遗产保护概述

（一）国际法框架的构成与发展

1. 国际法框架的基本构成

国际法框架在非物质文化遗产保护方面构成了一个复杂而多维的体系，其主要构成部分包括国际公约、国际协议、国际习惯法等。这些法律文件和国际规范为非物质文化遗产的保护提供了法律依据和准则。

国际公约是国际法框架的核心组成部分。在非物质文化遗产保护领域，一系列重要的国际公约（如《公约》等）为各国在保护非物质文化遗产方面的合作提供了法律基础。这些公约明确了非物质文化遗产的定义、保护原则、保护措施以及国际合作机制，为全球范围内的非物质文化遗产保护提供了统一的法律标准。国际协议也是国际法框架的重要组成部分。在非物质文化遗产保护方面，各国政府、国际组织和非政府组织之间通过签订国际协议，就具体的保护项目、合作方式、资金支持等方面进行约定，为非物质文化遗产的保护提供了具体的实施路径。此外，国际习惯法也在非物质文化遗产保护中发挥着重要作用。国际习惯法是指各国在长期实践中形成的一种具有法律约束力的国际行为规范。在非物质文化遗产保护领域，一些国际习惯法原则，如尊重文化多样性、保护传统知识等，已经被广泛接受并应用于各国的法律实践中。

与非物质文化遗产保护密切相关的国际组织和机构也在国际法框架中发挥着重要作用。联合国教科文组织作为联合国系统内负责教育、科学、文化和沟通事务的专门机构，一直致力于推动非物质文化遗产的保护和传承。世界知识产权组织负责在全球范围内促进知识产权的保护和管理，与非物质文化遗产的知识产权保护密切相关。这些国际组织和机构通过制定政策、提供资金支持、开展国际合作等方式，为非物质文化遗产的保护做

出了重要贡献。

2. 国际法框架的发展历程

国际法框架在非物质文化遗产保护方面的发展历程可以追溯到早期的国际合作。20世纪初,一些国家开始意识到非物质文化遗产保护的重要性,并开始了相关的国际合作。然而,真正的全球性保护体系是在近几十年才逐渐形成的。

随着全球化的加速和文化多样性的日益凸显,非物质文化遗产的保护逐渐成为国际社会关注的焦点。联合国教科文组织等国际组织开始积极推动非物质文化遗产的保护工作,通过制定国际公约、开展国际合作项目等方式,加强各国在非物质文化遗产保护方面的合作与交流。在这一过程中,国际法框架在不断发展中逐渐形成了一系列保护原则和理念。这些原则和理念强调尊重文化多样性、保护传统知识、促进文化传承与创新等,为非物质文化遗产的保护提供了重要的指导思想。同时,这些原则和理念也被不断融入国际公约、国际协议等国际法律文件中,为非物质文化遗产的保护提供了更加坚实的法律基础。

(二)国际法框架对非物质文化遗产保护的意义

1. 提供法律保障和国际支持

国际法框架在非物质文化遗产保护中扮演着至关重要的角色,它为各国在保护工作中的合法权益提供了坚实的法律保障。通过一系列国际公约、协议和习惯法,国际法框架明确了非物质文化遗产的定义、保护原则、保护措施以及国际合作机制,为各国在保护非物质文化遗产方面提供了明确的法律依据。这些法律文件不仅规范了各国在保护工作中的行为,而且确保了各国在保护非物质文化遗产方面的权益得到国际社会的认可和尊重。同时,国际法框架在促进国际合作、提供技术支持和资金援助方面也发挥着重要作用。在非物质文化遗产保护领域,各国面临着诸多共同的挑战和问题,需要通过国际合作来共同应对。国际法框架为各国提供了合作的平台和机制,促进了各国在保护非物质文化遗产方面的交流与合作。此外,国际法框架还鼓励国际组织、非政府组织以及私人部门等各方力量参与非物质文化遗产的保护工作，为保护工作提供了技术支持和资金援助，增强了保护工作的实效性和可持续性。

2. 促进文化多样性与人类共同发展

国际法框架在促进文化多样性、维护世界文化多元性方面做出了重要贡献。非物质文化遗产作为人类文化的重要组成部分，承载着各民族的历史、文化和传统，是文化多样性的重要体现。国际法框架通过保护非物质文化遗产，促进了各民族文化的传承与发展，维护了世界文化的多元性。这不仅有助于丰富人类的文化生活，而且有助于增进各国人民之间的相互理解和尊重。同时，非物质文化遗产保护对于人类共同发展也具有重要意义。非物质文化遗产是人类智慧的结晶，蕴含着丰富的文化价值和精神内涵。通过保护非物质文化遗产，可以传承和弘扬人类优秀的文化传统，促进人类文明的进步和发展。此外，非物质文化遗产保护还有助于推动文化产业的繁荣和发展，为各国经济和社会发展提供新的动力和机遇。

二、国际法框架下的非物质文化遗产保护原则

（一）尊重与保护原则

1. 尊重非物质文化遗产的价值和意义

非物质文化遗产作为人类文化遗产的重要组成部分，承载着丰富的历史、文化和社会信息，具有独特的价值和意义。它不仅是民族身份和文化多样性的重要体现，而且是人类智慧和创造力的结晶。尊重非物质文化遗产，意味着承认其作为人类共同财富的地位，以及其在传承和发展人类文明过程中不可替代的作用。尊重非物质文化遗产是保护工作的前提和基础。只有当我们充分认识到非物质文化遗产的价值和意义后，才能更加自觉地投入到保护工作中。尊重不仅体现在对非物质文化遗产的认知和态度上，更体现在具体的保护行动和政策制定中。各国政府、国际组织和社会各界应当共同努力，通过法律、行政、教育等多种手段，加强对非物质文化遗产的保护和传承。

2. 保护非物质文化遗产的完整性和真实性

保护非物质文化遗产的完整性和真实性，是非物质文化遗产保护工作的核心要求。完整性指的是非物质文化遗产应当保持其原有的内容、形式、结构和功能，不被割裂、篡改或遗漏。真实性要求非物质文化遗产的保护应当尊重其历史渊源、文化传承和地域特色，防止其被歪曲、滥用或遗失。国际法框架在保护非物质文化遗产完整性和真实性方面发挥了重要作用。一系列国际公约和协议明确规定了保护非物质文化遗产的完整性和真实性的原则和要求。例如，《公约》强调，保护非物质文化遗产应当注重其真实性、整体性和传承性，确保其在传承过程中不被歪曲或滥用。为了实现这一目标，国际法框架还提出了一系列具体的保护措施。这些措施包括：建立非物质文化遗产名录，将具有代表性的非物质文化遗产项目列入其中，加以重点保护；制定保护计划和管理措施，确保非物质文化遗产得到妥善保护和传承；加强国际合作与交流，共同推动非物质文化遗产的保护工作；提高公众对非物质文化遗产的认知和保护意识，形成全社会共同参与的保护格局。

（二）公平与惠益分享原则

1. 保障非物质文化遗产权利人的权益

非物质文化遗产作为人类文化遗产的重要组成部分，其创造、传承和发展离不开相关权利人的贡献。保障非物质文化遗产权利人的权益，是确保非物质文化遗产得到妥善保护和传承的基础。这些权利人包括但不限于非物质文化遗产的传承人、表演者、创作者以及相关社群等，他们享有与非物质文化遗产相关的经济、社会和文化权益。在经济权益方面，非物质文化遗产权利人应享有因其创造或传承非物质文化遗产而获得的合理经济回报。这包括通过表演、展示、教学、出版等方式利用非物质文化遗产所获得的收益。在社会权益方面，权利人应享有受到尊重、认可和支持的权利，以及参与非物质文化遗产保护决策和管理的权利。在文化权益方面，权利人应享有保持和发展其非物质文化遗产的权利，以及防止其非物质文化遗产被滥用或侵犯的权利。国际法框架在保障非物质文化遗产权利人权益方面发挥了重要作用。例如，《公约》强调，各国应尊重和保护非物质文化遗产权利人的权益，确保他们享有与其非物质文化遗产相关的经济、社会和文化权益。同时，公约还鼓励各国采取措施，支持非物质文化遗产权利人的传承活动，促进其非物质文化遗产的传播和利用。在实践中，各国政府和国际组织通过制定相关法律和政策，为非物质文化遗产权利人提供了法律保障和支持。例如，一些国家设立了非物质文化遗产保护基金，为权利人提供经济援助和支持；一些国际组织开展了非物质文化遗产传承人培训计划，提高权利人的传承能力和水平。

2. 促进非物质文化遗产的惠益分享

促进非物质文化遗产的惠益分享，是确保其在保护中得到合理利用和传承的重要途径。惠益分享意味着非物质文化遗产所带来的利益应公平地分配给相关权利人、社群以及整个社会。这不仅可以激励权利人积极参与非物质文化遗产的保护和传承工作，而且可以促进非物质文化遗产的可持续发展和利用。国际法框架在促进非物质文化遗产惠益分享方面提供了可能途径和机制。首先，《公约》鼓励各国政府和国际组织加强与非物质文化遗产权利人的合作与交流，共同探索非物质文化遗产的利用方式和模式。其次，《公约》提倡建立公平、透明和可持续的惠益分享机制，确保非物质文化遗产所带来的利益得到合理分配。例如，可以通过设立惠益分享基金、制定惠益分享协议等方式，实现非物质文化遗产的惠益分享。此外，国际法框架还强调对非物质文化遗产的可持续利用和保护。这意味着在利用非物质文化遗产过程中，应尊重其文化价值和传统知识，防止其被过度商业化或滥用。同时，应加强对非物质文化遗产的保护和管理，确保其得到妥善保护和传承。

（三）合作与交流原则

1. 加强国际合作与交流

在非物质文化遗产保护领域，加强国际合作与交流具有至关重要的意义。非物质文化遗产作为人类共同的文化遗产，其保护和传承不仅关乎单一国家的文化安全，更关乎全球文化多样性的维护和发展。因此，各国之间需要加强合作与交流，共同应对非物质文化遗产保护面临的挑战，促进经验分享和资源共享。国际法框架在加强国际合作与交流方面发挥了重要作用。一系列国际公约和协议为非物质文化遗产的国际合作提供了法律基础和制度保障。例如，《公约》明确强调，各国应在平等和相互尊重的基础上，加强在非物质文化遗产保护领域的国际合作与交流。《公约》鼓励各国政府、非政府组织、学术界及私人部门等各方力量共同参与，通过信息共享、技术交流、人员培训等方式，推动非物质文化遗产的保护与传承。在实践中，国际法框架下的国际合作与交流取得了显著成效。一方面，各国政府通过双边或多边合作机制，共同开展非物质文化遗产的保护项目，如联合申报世界非物质文化遗产名录、共同举办非物质文化遗产保护论坛等。这些合作活动不仅增强了各国在非物质文化遗产保护方面的能力和水平，而且促进了全球文化多样性的交流与互鉴。另一方面，国际组织和非政府组织在推动非物质文化遗产国际合作与交流方面也发挥了重要作用。它们通过提供资金支持、技术支持、专家咨询等方式，助力各国开展非物质文化遗产保护工作。同时，它们还积极搭建国际交流平台，促进各国之间的经验分享和资源共享，为非物质文化遗产的保护和传承注入了新的活力。

2. 推动跨学科、跨领域的合作

推动跨学科、跨领域的合作是非物质文化遗产保护的重要趋势。非物质文化遗产涉及文化、艺术、历史、社会学等多个学科领域，其保护和传承需要多学科的知识和方法。因此，加强跨学科、跨领域的合作，有助于整合各方资源，形成保护合力，提高非物质文化遗产保护的科学性和有效性。国际法框架在促进跨学科、跨领域合作方面发挥了积极作用。一方面，国际公约和协议鼓励各国政府、国际组织、学术界及私人部门等各方力量共同参与非物质文化遗产的保护工作，为跨学科、跨领域合作提供了广阔的空间和机遇。另一方面，国际法框架下的合作机制也为跨学科、跨领域合作提供了有力的制度保障。在实践中，跨学科、跨领域的合作在非物质文化遗产保护中取得了显著成果。例如，一些国家通过设立跨学科研究机构或项目，整合不同学科领域的专家和资源，共同开展非物质文化遗产的保护研究。同时，一些国际组织也积极推动跨学科、跨领域的合作，如联合国教科文组织发起的"非物质文化遗产与可持续发展"项目等，这些合作项目不仅促进了非物质文化遗产的保护和传承，而且推动了相关学科领域的发展和创新。

三、国际法框架下的非物质文化遗产保护原则的实施与挑战

（一）实施原则的具体措施与路径

1. 制定和实施相关法律法规

为了确保非物质文化遗产保护工作的法制化、规范化，各国需要制定和实施与国际法框架相衔接的国内法律法规。这一措施是非物质文化遗产保护原则得到有效实施的基础和前提。各国应依据《公约》等国际公约的要求，结合本国实际情况，制定专门的非物质文化遗产保护法或相关条例。这些法律法规应明确非物质文化遗产的定义、保护范围、保护措施、权利与义务等内容，为非物质文化遗产的保护提供明确的法律依据。在制定相关法律法规过程中，可能会遇到一些问题。例如，如何平衡非物质文化遗产保护与经济发展之间的关系，如何确保法律法规的可行性和有效性等。针对这些问题，各国可以采取以下对策：一是加强立法前的调研和论证，充分听取各方意见，确保法律法规的科学性与合理性；二是注重法律法规的可操作性和可执行性，避免过于笼统或模糊的规定；三是加强法律法规的宣传和普及，提高公众对非物质文化遗产保护的认识和重视程度。在实施相关法律法规过程中，各国还需要建立健全相应的配套制度和机制。例如，建立非物质文化遗产名录制度，对具有重要价值的非物质文化遗产进行登记和保护；建立非物质文化遗产传承人制度，对传承人的权利和义务进行明确规定和保护；建立非物质文化遗产保护资金制度，为非物质文化遗产的保护提供必要的资金支持。

2. 加强执法与监管力度

加强执法与监管力度是确保非物质文化遗产保护原则得到有效实施的重要保障。只有严格执法、加强监管，才能确保法律法规的权威性和严肃性，才能有效地打击非法侵占、破坏非物质文化遗产的行为。

为了加强执法与监管力度，各国可以采取如下具体的措施和路径：一是建立健全执法机构。各国应设立专门的非物质文化遗产保护执法机构或部门，负责非物质文化遗产保护法律法规的执行和监督工作。这些机构或部门应具备相应的执法权力和手段，能够依法对违法行为进行查处和制裁。二是加强监督检查。各国应定期对非物质文化遗产保护工作进行监督检查，确保各项保护措施得到有效落实。监督检查内容可以包括非物质文化遗产的保护状况、传承人的履职情况、保护资金的使用情况等。通过监督检查，可以及时发现和纠正存在的问题，确保非物质文化遗产保护工作的顺利进行。三是建立举报机制。各国应鼓励公众积极参与非物质文化遗产保护工作，建立举报机制，对非法侵占、破坏非物质文化遗产的行为进行举报和投诉。对于举报和投诉，执法机构应及时进行调查和处理，确保违法行为得到应有的惩罚。四是加强国际合作与交流。在加强执法与监管力度过程中，各国还应加强国际合作与交流，共同打击跨国界的非法侵占、破坏非物质文化遗产的行为。通过国际合作与交流，可以分享经验、交流信息、协调行动，提高执法效率和监管水平。

（二）实施原则面临的挑战与对策

1. 法律适用性与执行力的挑战

在国际法框架下，非物质文化遗产保护原则的实施面临着法律适用性与执行力的双重挑战。不同国家拥有各自独特的法律体系和法律传统，这在国际法框架下的非物质文化遗产保护中造成了显著的差异和冲突。一方面，国际公约所确立的保护原则和标准可能并不完全适应所有国家的法律环境，尤其是在那些法律体系尚未完善或与传统习俗紧密相连的国家。另一方面，即使国家愿意采纳国际公约的规定，但是将其转化为国内法也需要一个复杂的过程，这其中包括法律翻译、立法程序以及法律文化的融合等多个环节。这些环节中的任何疏漏都可能导致法律适用性的减弱，进而影响非物质文化遗产的有效保护。尽管国际公约和国内法可能规定了详尽的保护措施和制度，但在实际操作中，这些措施和制度往往难以得到全面落实。原因可能包括执法资源有限、执法机构缺乏专业性、公众法律意识淡薄以及法律执行过程中的腐败和懈怠等。执行力不足不仅削弱了法律的权威性和有效性，而且使得非物质文化遗产面临被忽视、滥用甚至消失的风险。

2. 应对法律适用性与执行力的挑战所采取的对策

为了应对法律适用性与执行力的挑战，可以采取以下对策：其一，加强国际法律交流与合作，推动国际公约的普遍接受和内化。通过国际组织的平台，促进各国法律专家和非物质文化遗产保护专家的交流与合作，共同探讨法律适用性的难题，寻求共识和解决方案。其二，提高国内立法质量，确保国际公约规定与国内法律体系的有效衔接。在立法过程中，应充分考虑本国的法律传统和实际情况，制定既符合国际标准又具有本国特色的非物质文化遗产保护法。其三，加强执法机构建设，提高执法人员的专业性和执行力。通过培训和教育，提升执法人员对非物质文化遗产保护法律的认识和理解，增强其执法能力和效率。其四，加强公众法律教育，提高公众对非物质文化遗产保护的法律意识。通过普法宣传和教育活动，增强公众对非物质文化遗产价值的认识，激发其保护热情和参与度。

3. 国际合作与协调的挑战

在非物质文化遗产保护中，国际合作与协调同样面临着诸多挑战。一方面，不同国家之间的利益诉求存在差异。非物质文化遗产作为文化多样性的重要体现，与各国的文化身份、民族自豪感和经济利益紧密相连。因此，在国际合作与协调过程中，各国往往出于自身利益的考虑，难以达成一致意见。这种利益诉求的差异可能导致合作进程的迟缓甚至搁浅。另一方面，合作机制不健全也是国际合作与协调中的一大问题。目前，虽然国际社会已经建立了一些非物质文化遗产保护的合作机制，但这些机制往往缺乏足够的权威性和约束力，难以有效地推动各国之间的合作与交流。同时，合作机制中的信息共享、资金分配、技术支持等方面也存在诸多不足，影响了合作效果的发挥。

为加强国际合作与协调，可以建立定期沟通机制，促进各国之间的信息交流与共享。通过定期召开国际会议、研讨会等活动，为各国提供一个交流与合作的平台，共同探讨非物质文化遗产保护的问题与对策。共同制定保护计划，明确各国在非物质文化遗产保护中的权利和义务。通过协商与谈判，确保各国在保护行动中保持一致性和协同性。加强技术与资金支持，提高非物质文化遗产保护的能力和水平。国际社会应加大对发展中国家和非物质文化遗产丰富国家的技术与资金支持力度，帮助其提高保护能力和水平。推动建立更加完善的合作机制，增强国际合作的权威性和约束力。通过修订国际公约、制定国际规则等方式，完善非物质文化遗产保护的国际合作机制，确保其有效运行和发挥作用。

第三节　国内法体系中非物质文化遗产保护的法律渊源

一、国内法体系中非物质文化遗产保护法律渊源概述

（一）法律渊源的定义与分类

1. 法律渊源的基本概念

法律渊源是指法律规范的来源或表现形式。它是法律体系构成的基础，为法律的实施提供了明确的依据和框架。在法律实践中，法律渊源是法官、律师、法学家以及法律从业者必须熟悉和掌握的基本概念，因为它直接关系法律的适用和解释。一般而言，法律渊源可以按照制定机关、效力等级以及适用范围等分类。常见的法律渊源包括宪法、法律、行政法规、地方性法规等。宪法作为国家的根本大法，具有最高的法律效力，它规定了国家的基本制度、公民的基本权利和义务等根本性问题。法律是由全国人民代表大会及其常务委员会制定的规范性文件，具有普遍约束力。行政法规是由国务院制定的，用于执行宪法和法律、管理国家行政事务的规范性文件。地方性法规是由地方人民代表大会及其常务委员会制定的，适用于本行政区域内的规范性文件。

2. 非物质文化遗产保护法律渊源的特殊性

非物质文化遗产保护法律渊源相较于一般法律渊源，具有特殊性。非物质文化遗产作为人类文化多样性的重要体现，其保护必然涉及不同文化、不同民族、不同地域的传统知识和文化表达方式。因此，在制定非物

质文化遗产保护法律时，需要充分考虑文化多样性的特点，尊重和保护各种文化传统和习俗。传统知识是非物质文化遗产的重要组成部分，它包括民间传说、传统技艺、民俗活动等各种形式的文化表达。这些传统知识往往以口头传承、师徒传承等方式进行传播，缺乏明确的文字记载和法律保护。因此，在非物质文化遗产保护法律中，需要明确规定传统知识的保护范围、保护方式和保护责任，以确保传统知识得到有效的传承和发展。非物质文化遗产保护法律渊源在保护传统文化、促进文化多样性方面发挥着重要作用。通过制定和实施非物质文化遗产保护法律，可以加强对传统文化的保护和管理，防止传统文化的流失和灭绝。同时，非物质文化遗产保护法律还可以促进文化多样性的发展和交流，推动不同文化之间的相互了解和尊重。这对于维护世界文化多样性和促进人类文明进步具有重要意义。

（二）国内法体系中非物质文化遗产保护法律渊源的构成

1. 宪法层面的保护

宪法作为国家的根本大法，不仅规定了国家的基本制度、公民的基本权利和义务，而且为其他法律的制定提供了基础和依据。在非物质文化遗产保护方面，宪法同样发挥着至关重要的作用。宪法中通常会有关于文化保护、文化传承以及文化多样性的原则性规定，这些规定为非物质文化遗产保护提供了宪法依据。例如，宪法可能明确规定国家有责任保护和传承民族文化，促进文化多样性的发展，这为非物质文化遗产保护奠定了法律基础。宪法作为国家的最高法律，其规定具有最高的法律效力。宪法对非物质文化遗产保护的强调，意味着国家将非物质文化遗产保护视为一项重要的国家任务，需要全社会共同努力去实现。这种强调不仅提高了非物质文化遗产保护的法律地位，而且增强了公众对非物质文化遗产保护的认识和重视程度。

2. 法律层面的保护

在宪法的基础上，国家层面还制定了一系列与非物质文化遗产保护相关的法律，这些法律为非物质文化遗产保护提供了具体的法律规范和措施。一方面，国家制定了专门的文化遗产保护法，对非物质文化遗产的保护范围、保护方式、保护责任等进行了明确规定。例如，非物质文化遗产保护法可能规定非物质文化遗产的认定标准、保护程序、传承机制等，为非物质文化遗产的全面保护提供了法律保障。同时，该法律还可能规定对违反保护规定的行为进行处罚，以维护非物质文化遗产的合法权益。另一方面，国家还通过知识产权法等相关法律对非物质文化遗产进行保护。由于非物质文化遗产中包含了大量的传统知识和文化表达，这些知识和表达往往具有独创性和可复制性，因此可以通过知识产权法进行保护。例如，版权法可以保护非物质文化遗产中的民间文学作品、传统音乐作品等；商标法可以保护非物质文化遗产中的传统标志、地名等；专利法可以保护非物质文化遗产中的传统技艺、传统知识等。这些法律的规定为非物质文化遗产的知识产权保护提供了法律依据，有效地防止了非物质文化遗产被滥用和侵权。

二、国内法体系中非物质文化遗产保护的具体法律渊源

（一）专门立法保护

1. 非物质文化遗产保护法的制定与实施

随着世人对非物质文化遗产保护意识的增强，我国也积极响应国际社会的号召，加强了对非物质文化遗产的法律保护。在此背景下，制定了专门的《中华人民共和国非物质文化遗产保护法》，为非物质文化遗产的全面保护提供了法律基础。《中华人民共和国非物质文化遗产保护法》的立法背景源于非物质文化遗产面临的严峻保护形势。随着现代化进程的加速，许多非物质文化遗产面临着被遗忘、流失甚至灭绝的风险。为了有效地保护和传承这些宝贵的文化遗产，国家决定通过立法手段来加强保护。该法的立法目的明确，旨在保护和传承非物质文化遗产，弘扬中华民族优秀传统文化，增强民族文化自信，促进社会主义文化繁荣和发展。为了实现这一目的，《中华人民共和国非物质文化遗产保护法》规定了非物质文化遗产的定义、保护原则、保护措施、传承机制、法律责任等内容，为非物质文化遗产的全面保护提供了法律依据。

《中华人民共和国非物质文化遗产保护法》在保护非物质文化遗产方面发挥着重要作用。首先,它明确了非物质文化遗产的法律地位,提高了公众对非物质文化遗产保护的认识和重视程度。其次,它规定了非物质文化遗产的保护措施和传承机制,为非物质文化遗产的保护和传承提供了法律保障。最后,它设定了法律责任,对违反保护规定的行为进行处罚,维护了非物质文化遗产的合法权益。

2. 相关配套法规与规章的制定

为细化《中华人民共和国非物质文化遗产保护法》的规定,增强法律的可操作性,国家还制定了一系列与《中华人民共和国非物质文化遗产保护法》相配套的法规、规章。这些配套法规、规章包括《中华人民共和国非物质文化遗产代表性项目认定与管理暂行办法》等。它们对《中华人民共和国非物质文化遗产保护法》中的相关规定进行了细化和补充,明确了非物质文化遗产代表性项目的认定标准、保护程序、传承人的认定与扶持措施等具体内容。这些配套法规、规章的制定在细化法律规定、增强法律可操作性方面发挥着重要作用。它们使得《中华人民共和国非物质文化遗产保护法》的规定更加具体、明确,便于各级政府和相关部门在执行过程中有章可循、有据可查。同时,它们也增强了法律的可操作性,使得非物质文化遗产的保护工作能够更加有效地开展。

(二)相关法律中的保护条款

1. 知识产权法中的保护条款

知识产权法,包括著作权法、商标法和专利法,是非物质文化遗产法律保护体系的重要组成部分。这些法律中蕴含的保护条款为非物质文化遗产的权益保障提供了有力的法律支撑。在著作权法方面,非物质文化遗产中的许多元素,如民间文学、传统音乐、舞蹈、戏剧等,都可以被视为作品,并受到著作权的保护。著作权法规定了作品的著作权人享有复制权、发行权、表演权等多项权利,这些权利同样适用于非物质文化遗产的相关作品。通过著作权法的保护,可以有效地防止非物质文化遗产被未经授权地复制、发行或表演,从而维护其原创性和独特性。商标法在非物质文化遗产保护中也发挥着重要作用。许多非物质文化遗产，如传统手工艺、特色食品等，都与其特定的标志或标识紧密相连。这些标志或标识往往具有独特的文化内涵和商业价值，可以通过注册商标的方式得到保护。商标法规定了商标的注册条件、注册程序以及商标权的保护范围，为非物质文化遗产的相关标志或标识提供了法律保障。专利法虽然主要保护的是技术创新和发明创造，但在非物质文化遗产保护方面也有一定的适用性。例如，一些传统的生产工艺、技术方法或配方，如果符合专利法的创新性和实用性要求，可以申请专利保护。通过专利法的保护，可以防止这些传统技术被未经授权地使用或泄露，从而保护非物质文化遗产传承人的合法权益。

然而，知识产权法在保护非物质文化遗产方面也存在一定的局限性。一方面，非物质文化遗产的许多元素可能难以符合知识产权法的保护条件，如一些口头传统和民俗活动，它们往往难以被界定为作品或商标。另一方面，知识产权法的保护期限有限，而非物质文化遗产的保护却需要长期甚至永久的保护。因此，在依靠知识产权法保护非物质文化遗产时，需要结合其他法律手段，形成综合性的保护体系。

2. 其他相关法律中的保护条款

除了知识产权法，我国还有其他一些相关法律中包含了非物质文化遗产保护的规定，这些规定在保护非物质文化遗产方面发挥着补充和协同作用。民法作为调整平等主体之间人身关系和财产关系的基本法律，为非物质文化遗产的保护提供了基础性的法律框架。例如，民法中关于物权、债权、侵权责任等规定，可以适用于非物质文化遗产的相关权益保护。通过民法的保护，可以维护非物质文化遗产传承人的财产权益和人身权益，防止其受到不法侵害。刑法在保护非物质文化遗产方面也发挥着重要作用。对于一些严重侵害非物质文化遗产的行为，如盗窃、抢夺、毁损非物质文化遗产相关物品或资料的行为，可以依法追究刑事责任。刑法的严厉制裁性，对于震慑和打击非物质文化遗产的违法行为具有重要意义。此外，旅游法等相关法律中也包含了非物质文化遗产保护的规定。旅游法规定了旅游发展规划应当加强对非物质文化遗产的保护和利用，促进非物质文化遗产的传承和发展。这些规定有助于在旅游开发中合理地利用非物质文化遗产资源，推动其可持续发展。

三、国内法体系中非物质文化遗产保护法律渊源的完善与发展

（一）现有法律渊源的评估与反思

1. 现有法律渊源的成效评估

近年来，我国在国内法体系中逐步建立和完善了非物质文化遗产保护的法律渊源，制定了一系列相关法律法规和政策措施。为了客观地评估这些法律渊源的实施效果，我们需要从覆盖面、执行力和社会影响力三个方面进行深入分析。从覆盖面来看，我国非物质文化遗产保护的法律渊源已经涵盖了多个领域和层面。从国家层面的专门立法（如《中华人民共和国非物质文化遗产保护法》），到地方层面的配套法规和实施细则，再到相关部门规章和政策文件，都体现了对非物质文化遗产保护的全面关注。这些法律渊源的制定和实施，为非物质文化遗产的保护和传承提供了有力的法律保障。在执行力方面，我国非物质文化遗产保护的法律渊源在实践中得到了有效执行。各级政府和相关部门积极履行职责，加强了对非物质文化遗产的调查、认定、保护、传承和管理工作。同时，社会各界也积极参与非物质文化遗产的保护活动，形成了良好的社会氛围。这些努力使得非物质文化遗产得到了有效的保护和传承，许多濒临灭绝的非物质文化遗产项目得到了重生和发展。从社会影响力来看，我国非物质文化遗产保护的法律渊源产生了广泛的社会影响。通过法律的保护和宣传，公众对非物质文化遗产的认知度和保护意识得到了显著提高。非物质文化遗产作为中华民族优秀传统文化的重要组成部分，其价值和意义得到了更广泛的认同和尊重。这不仅增强了民族文化的自信心和自豪感，而且促进了文化的多样性和繁荣。

然而，在肯定成绩的同时，应清醒地看到现有法律渊源存在的问题。例如，一些法律条款的设计缺乏具体的操作性和可执行性；一些地方和部门在执行法律时存在力度不够、监管不严等问题；一些非物质文化遗产项目仍然面临着被遗忘、流失甚至灭绝的风险。这些问题需要认真对待并加以解决。

2. 现有法律渊源的反思与改进

目前，我国非物质文化遗产保护的法律渊源虽然较为丰富，但各法律渊源之间的衔接和协调还不够紧密。这导致在实践中容易出现法律适用上的冲突和矛盾。因此，需要加强各法律渊源之间的衔接和协调，确保法律的一致性和统一性。具体来说，可以通过制定相关的实施细则和配套措施，明确各法律渊源之间的适用关系和衔接方式；同时，加强部门之间的沟通和协作，形成保护非物质文化遗产的法律合力。需要对这些法律条款进行细化和完善，明确具体的保护措施和管理要求；同时，加强法律的宣传和普及工作，提高公众对法律的认识和理解程度。一些地方和部门在执行非物质文化遗产保护法律时存在力度不够、监管不严等问题。这导致一些非物质文化遗产项目得不到有效的保护和传承。因此，我们需要加强对法律执行情况的监督和评估工作，建立健全的监督机制和评估体系；同时，加大对违法行为的查处力度，维护非物质文化遗产的合法权益。

（二）未来法律渊源的展望与构建

1. 新兴法律领域的拓展

随着科技的飞速发展和社会的不断进步，新兴法律领域在非物质文化遗产保护方面的作用日益凸显。这些新兴法律领域，如数字文化遗产保护、网络知识产权等，为非物质文化遗产的法律保护提供了新的视角和手段。

数字化技术为非物质文化遗产的记录、保存和传播提供了前所未有的便利。然而，数字化过程中也伴随着一系列法律问题，如数字化复制权的归属、数字化作品的传播权限、数字化文化遗产的隐私保护等。因此，数字文化遗产保护法律制度的建立和完善显得尤为重要。这一领域的法律渊源将明确数字化过程中各方的权利和义务，为非物质文化遗产的数字化保护提供法律保障。网络空间的开放性和匿名性使得非物质文化遗产在网络传播中容易遭受侵权。网络知识产权法律制度通过规定网络环境下的著作权、商标权、专利权等权益的保护，为非物质文化遗产的网络传播提供了法律支持。同时，网络知识产权法律制度还需要不断适应网络技术的发展，及时更新和完善，以应对网络环境中出现的新挑战。

新兴法律领域对非物质文化遗产保护法律渊源的补充和完善作用主要体现在以下三个方面：一是提供了新的法律保护手段。数字化技术和网络技术为非物质文化遗产的保护提供了新的技术手段，而新兴法律领域则为这些技术手段的应用提供了法律保障。二是拓展了法律保护的范围。新兴法律领域将非物质文化遗产的保护范围从传统的物质形态拓展到数字形态和网络形态，使得非物质文化遗产的保护更加全面和深入。三是增强了法律保护的效力。新兴法律领域通过明确各方权利和义务，加大了对侵权行为的打击力度，提高了非物质文化遗产保护的法律效力。

2. 国际法和国内法的衔接与融合

在全球化背景下，非物质文化遗产的保护已经成为国际社会共同关注的焦点。国际法和国内法在非物质文化遗产保护方面的衔接与融合显得尤为重要。

一系列国际条约和国际惯例明确了非物质文化遗产的定义、保护原则和保护措施。这些国际法律文件为全球范围内非物质文化遗产的保护提供了指导和规范。然而，国际法的实施需要国内法的配合与支持。只有将国际法的原则和规定转化为国内法，才能确保其在国内得到有效实施。加强国际条约、国际惯例与国内法之间的衔接是确保非物质文化遗产保护国际法律框架在国内得到有效实施的关键。一方面，我国需要积极参与国际条约的制定和修订过程，充分反映我国的立场和诉求，为非物质文化遗产的国际保护贡献中国智慧和中国方案。另一方面，我国需要及时将国际条约和国际惯例的原则和规定转化为国内法，通过立法、司法和行政等多种手段确保其在国内得到有效实施。此外，还需要加强国际交流与合作，推动非物质文化遗产保护的国际法律框架不断完善和发展。通过与国际组织、其他国家和地区开展合作与交流，共同应对非物质文化遗产保护面临的挑战和问题，推动国际法律框架的更新和完善。

第四节 法律保护的理论支撑：文化多样性与人权视角

一、文化多样性与非物质文化遗产法律保护的关系

（一）文化多样性的内涵与价值

1. 文化多样性的定义与表现

文化多样性这一概念根植于人类社会的多元性，指的是世界上各民族文化特性的多样化和差异化。它涵盖了人类创造并传承下来的所有文化表现形式，是人类社会历史长河中不同民族、不同地域、不同历史时期文化交融与演变的产物。文化多样性不仅体现在物质文化层面，如建筑、服饰、饮食等，更深刻地体现在非物质文化层面，如语言、宗教、习俗、艺术、传统知识和技能等。语言既是人类交流思想、传递信息的工具，也是文化多样性的重要载体。世界上存在着数千种语言，每种语言都承载着独特的历史、文化和价值观。宗教是人类探索宇宙、生命和存在意义的一种方式，不同的宗教信仰和实践构成了文化多样性的另一重要方面。习俗和传统是民族文化的重要组成部分，它们反映了民族的历史传承、生活方式和社会规范。艺术是人类创造美的表现形式，无论是绘画、雕塑、音乐还是舞蹈，都展现了人类无尽的创造力和对美的追求。

2. 文化多样性的价值与意义

文化多样性对于人类社会发展具有不可估量的价值。首先，它是人类创造力的源泉。不同的文化背景和观念激发了人们对新事物的探索和创新，推动了科学技术的进步和社会的发展。其次，文化多样性促进了文化交流与互鉴。在全球化的今天，不同文化之间的交流与融合成为推动世界文明进步的重要动力。通过文化交流，人们可以相互了解、相互学习，增进友谊与合作，共同推动人类文明的繁荣与发展。文化多样性使得世界更加丰富多彩，减少了文化冲突的可能性。尊重和保护文化多样性有助于增进各国人民之间的相互理解和尊重，为构建和谐世界奠定了坚实的基础。

同时，文化多样性也是经济发展的重要资源。许多非物质文化遗产（如传统手工艺、民俗旅游等）已成为推动地方经济发展的重要动力，为促进社会繁荣做出了积极贡献。

（二）非物质文化遗产在文化多样性中的地位

1. 非物质文化遗产是文化多样性的重要组成部分

非物质文化遗产作为人类文化宝库中的瑰宝，是文化多样性的重要载体和表现形式。它涵盖了口头传统和表现形式、表演艺术、社会实践、仪式和节庆活动、有关自然界和宇宙的知识和实践，以及传统手工艺等多个方面，承载着各民族的历史记忆和文化传统。这些非物质文化遗产不仅体现了人类创造力的多样性，而且反映了人类与自然、社会之间的和谐共生关系。非物质文化遗产在维护文化多样性方面发挥着独特作用。它是民族文化身份和认同的重要标志，通过传承和发展非物质文化遗产，各民族能够保持独特的文化特性和生活方式，从而维护文化的多样性。同时，非物质文化遗产也是文化交流的重要桥梁。通过展示和传播非物质文化遗产，不同文化之间的理解和尊重得以增进、文化交流得以促进，从而推动了世界文化的繁荣和发展。

2. 保护非物质文化遗产对维护文化多样性的意义

保护非物质文化遗产对于维护文化多样性、防止文化同质化具有至关重要的意义。在全球化的今天，文化同质化现象日益严重，许多传统文化和习俗面临着被遗忘和消失的风险。非物质文化遗产作为传统文化的重要组成部分，其保护对于抵御文化同质化、保持文化多样性具有不可替代的作用。此外，保护非物质文化遗产还在促进文化创新、增强文化软实力方面展现出巨大潜力。非物质文化遗产蕴含着丰富的文化资源和创意元素，这些资源和元素可以为现代文化创新提供灵感和素材。通过挖掘和利用非物质文化遗产中的文化资源，可以推动文化产业的创新发展，提升国家的文化软实力。同时，保护非物质文化遗产也有助于增强民族自豪感和文化自信心，为国家的文化繁荣和发展提供有力支撑。

二、人权与非物质文化遗产法律保护

（一）人权的基本理念与非物质文化遗产保护

1. 人权的基本理念

人权作为普世价值，是指每个人生来就享有的基本权利和自由。这些权利和自由不因其种族、性别、国籍、宗教或其他身份特征而有所差异，是所有人应当平等享有的。人权的基本理念强调人的尊严、自由和平等，是现代社会法律体系的基石。它要求国家和社会尊重并保护每个人的权利，确保每个人都能在没有恐惧、歧视和压迫的环境中自由生活和发展。在人权体系中，文化权利占据着举足轻重的地位。文化权利是指个人或集体参与文化生活、享受文化成果、表达文化身份和传承文化遗产的权利。它包括语言使用权、文化传统保持权、文化创作自由权等多个方面。文化权利作为人权的重要组成部分，不仅体现了对人类文化多样性的尊重和保护，而且是实现人的全面发展和促进社会进步的重要基石。

2. 非物质文化遗产保护与人权的关联

非物质文化遗产保护与人权之间存在着紧密的内在联系。非物质文化遗产是民族文化的重要组成部分，它承载着民族的历史记忆、文化传统和价值观念。通过保护非物质文化遗产，可以确保民族文化得以传承和发展，从而维护民族的文化身份和尊严。非物质文化遗产蕴含着丰富的文化资源和智慧，这些资源和智慧可以为人类社会的发展提供有益的借鉴和启示。通过保护和利用非物质文化遗产，可以促进文化的交流与创新，推动社会的和谐与进步。同时，非物质文化遗产的保护也有助于增强民族自豪感和文化自信心，提升人民的生活质量和幸福感。非物质文化遗产的保护可以促进文化多样性的维护和发展，为每个人提供更加丰富多样的文化选择和文化体验。这有助于满足人们的精神文化需求，提升人们的文化素养和审美能力。同时，非物质文化遗产的保护还可以促进文化产业的繁荣发展，为就业和经济增长提供新的动力。这些都有助于实现人权中的经济、社会和文化权利，增进人类的整体福祉。

（二）国际人权法对非物质文化遗产保护的规定

1. 国际人权法中的文化权利条款

国际人权法为非物质文化遗产的保护提供了坚实的法律基础。其中，《世界人权宣言》《经济、社会和文化权利国际公约》是两项至关重要的国际法律文书，它们明确规定了文化权利的内容和保护范围。《世界人权宣言》第二十七条明确规定："人人有权自由参加社会的文化生活，享受艺术，并分享科学进步及其产生的福利。人人对由于他所创作的任何科学、文学或美术作品而产生的精神的和物质的利益，有享受保护的权利。"这一条款不仅确认了个人参与文化生活的权利，而且强调了保护创作者因其作品而产生的精神和物质利益的重要性，为非物质文化遗产的创作者提供了法律保障。《经济、社会和文化权利国际公约》第十五条进一步地细化了文化权利的内容，包括：（一）人人有权参加文化生活；（二）人人有权享受科学进步及其应用所产生的利益；（三）人人有权对其本人的任何科学、文学或艺术作品所产生的精神上和物质上的利益，享受被保护的权利。该公约不仅重申了《世界人权宣言》中的文化权利，而且强调了科学进步及其应用对文化生活的重要性，以及保护创作者权益的必要性。这些条款在保护非物质文化遗产方面具有显著的法律效力。它们为各国制定非物质文化遗产保护法律提供了国际法律依据，要求各国政府采取积极措施，保护和促进文化多样性的发展，确保每个人都能平等地享有文化权利。同时，这些条款也为国际社会和各国政府在非物质文化遗产保护方面的合作提供了法律框架。在实施方面，虽然各国根据自身的法律体系和文化传统，对国际人权法中的文化权利条款进行了不同程度的国内法转化和实施，但在总体上，这些条款为全球范围内非物质文化遗产的保护提供了有力的法律支撑。然而，也存在一些挑战，如部分国家在法律实施方面存在不足，导致非物质文化遗产的保护效果不佳。

2. 国际人权法框架下的非物质文化遗产保护机制

在国际人权法框架下，为了保护非物质文化遗产，建立了一系列机制。其中，报告制度和监督机制是两项重要的制度。报告制度要求各国定期向相关国际机构提交关于本国人权状况的报告，包括文化权利的保护情况。这一制度有助于国际机构了解各国在非物质文化遗产保护方面的进展和挑战，为提供技术援助和合作提供依据。同时，报告制度也促使各国政府更加重视非物质文化遗产的保护工作，加强相关法律法规和政策的制定和实施。监督机制是通过国际机构对各国人权状况进行监督和评估，确保各国政府履行其在国际人权法下的义务。在非物质文化遗产保护方面，监督机制可以促使各国政府采取更加有效的措施，保护和传承非物质文化遗产，防止其被滥用或遗失。同时，监督机制还可以为非物质文化遗产的保护提供国际法律救济途径，当某国的非物质文化遗产受到侵害时，可以通过国际机构寻求法律救助。这些机制在促进非物质文化遗产保护、维护人权方面取得了一定的实际效果。它们为各国政府提供了国际法律支持和合作平台，推动了全球范围内非物质文化遗产的保护工作。然而，也存在一些改进空间。例如，可以进一步地加强国际机构之间的合作与协调，提高报告制度和监督机制的效率和效果；可以加强对各国政府履行国际人权法义务的监督和评估，确保非物质文化遗产得到充分有效的保护。

三、文化多样性与人权视角下的非物质文化遗产法律保护策略

（一）加强法律保护意识与制度建设

1. 提高法律保护意识

在非物质文化遗产的法律保护中，提高社会各界对法律保护的意识显得尤为重要。非物质文化遗产作为人类文化多样性的重要组成部分，承载着民族的历史记忆、文化传统和价值观念，其保护不仅关乎文化的传承与发展，更与人权保护紧密相连。然而，由于非物质文化遗产的无形性、活态性等特点，以及长期以来对其保护意识的缺乏，导致非物质文化遗产面临被遗忘、滥用甚至消失的风险。因此，提高社会各界对非物质文化遗产法律保护意识势在必行。这需要通过多种途径和方式进行宣传教育，使公众充分认识到非物质文化遗产的价值和意义，以及法律保护的重要性和必要性。具体而言，可以通过举办非物质文化遗产展览、讲座、研讨会等活动，普及非物质文化遗产的相关知识和法律保护理念；利用媒体、网络等

现代传播手段，扩大非物质文化遗产法律保护的宣传范围和影响力；将非物质文化遗产法律保护纳入国民教育体系，从小培养青少年的法律保护意识。同时，普法活动也是提高法律保护意识的重要途径。政府及相关部门应定期组织普法培训，向公众普及非物质文化遗产法律保护的法律法规和政策措施，使公众了解自身在非物质文化遗产保护中的权利和义务，增强法律保护的自觉性和主动性。

2. 完善法律保护制度建设

在提高法律保护意识的基础上，完善法律保护制度建设是非物质文化遗产法律保护的关键。当前，虽然我国已经建立了一系列非物质文化遗产法律保护的制度，但仍存在一些不足之处，如法律法规体系不完善、保护标准不明确、执法力度不够等。为了完善法律保护制度建设，首先，需要建立健全非物质文化遗产法律保护体系。这包括制定和完善相关法律法规，明确非物质文化遗产的定义、分类、保护范围和保护措施；建立非物质文化遗产保护名录制度，将具有重要价值的非物质文化遗产列入名录，予以重点保护；制定非物质文化遗产保护规划和计划，明确保护目标、任务和措施，确保保护工作的有序进行。其次，需要加强执法力度，确保法律保护的有效性。政府及相关部门应加大对非物质文化遗产违法行为的查处力度，对破坏、滥用非物质文化遗产的行为依法进行处罚；同时，加强对非物质文化遗产保护工作的监督检查，确保各项保护措施落到实处。最后，还可以建立非物质文化遗产法律保护的激励机制和补偿机制。通过给予非物质文化遗产传承人、保护单位等相应的荣誉和奖励，激发其参与保护工作的积极性和主动性；对于因保护非物质文化遗产而遭受损失的单位和个人，给予合理的经济补偿，保障其合法权益。

（二）促进国际合作与交流

1. 加强国际合作

在全球化日益加深的今天，非物质文化遗产的保护已不再是单一国家和地区的事务，而是需要国际社会共同努力的全球性任务。加强国际合作在保护非物质文化遗产、维护文化多样性和人权方面具有至关重要的作用。非物质文化遗产是人类共同的文化遗产，其保护关乎全人类的文化权益和人权。然而，由于非物质文化遗产的特殊性和复杂性，单一国家和地区往往难以独自承担其保护责任。加强国际合作，可以汇聚各国智慧和力量，共同应对非物质文化遗产保护面临的挑战和困难。通过签订国际协议，各国可以就非物质文化遗产的保护原则、措施、责任等达成共识，形成国际法律框架，为非物质文化遗产的保护提供有力保障。同时，建立国际联盟或组织，如联合国教科文组织非物质文化遗产保护政府间委员会等，可以协调各国行动，推动非物质文化遗产保护的国际合作与交流。在国际合作中，各国可以共享非物质文化遗产保护的经验和资源，共同研究保护技术和方法，提高保护效率和效果。此外，国际合作还可以促进非物质文化遗产的国际传播和交流，增进各国人民之间的相互了解和友谊，为构建人类命运共同体贡献力量。

2. 促进文化交流与互鉴

文化交流与互鉴是增进相互理解、尊重文化多样性的重要途径。非物质文化遗产作为人类文化多样性的重要组成部分，其交流与互鉴对于促进文化多样性和人权保护具有重要意义。通过举办文化节庆祝活动，如国际非物质文化遗产节、民族文化节等，可以展示各国非物质文化遗产的独特魅力和价值，增进各国人民对彼此文化的了解和欣赏。同时，文化节庆祝活动还可以为非物质文化遗产的传承人和从业者提供展示才华和交流经验的平台，促进非物质文化遗产的传承与发展。此外，开展文化交流项目也是促进文化交流与互鉴的有效方式。通过组织文化交流团、艺术家互访、学术研讨会等活动，可以促进各国在非物质文化遗产保护方面的合作与交流，共同探索保护方法和路径。同时，文化交流项目还可以为各国人民提供直接接触和了解彼此文化的机会，增进相互理解和尊重。在促进文化交流与互鉴过程中，应坚持平等、尊重、包容的原则，尊重各国文化的独特性和多样性。同时，应加强文化安全教育，提高公众对文化安全的认识和防范意识，防止文化侵略和文化同质化现象的发生。

第三章　非物质文化遗产的权属界定

第一节　非物质文化遗产的权利主体识别

一、非物质文化遗产权利主体的基本概念与特征

（一）权利主体的定义

1. 权利主体的法律含义

在法律语境中，权利主体是一个核心且基础的概念。它指的是在法律关系中享有权利、承担义务的实体或个体。这些实体或个体既可以是自然人、法人，也可以是其他具有法律地位的组织或团体。权利主体是法律关系的构成要素之一，与权利客体、权利内容等共同构成了法律关系的完整框架。在非物质文化遗产保护领域，权利主体的概念同样具有重要地位。非物质文化遗产作为人类文化的重要组成部分，其保护、传承和利用涉及多方利益。明确权利主体，是确保非物质文化遗产得到合法、有效保护的前提和基础。权利主体在非物质文化遗产保护中扮演着核心角色，他们既是非物质文化遗产的创造者、传承者，也是非物质文化遗产保护、利用和惠益分享的主体。

2. 非物质文化遗产权利主体的特定性

非物质文化遗产权利主体相较于一般权利主体，具有特定的属性。非物质文化遗产是特定社区、群体或个人在长期生产生活实践中创造并传承下来的文化表现形式，其权利主体往往是这些文化传统的承载者和传承者。他们通过口传心授、师徒传承等方式，将非物质文化遗产世代相传，确保了文化的连续性和多样性。非物质文化遗产通常与特定社区的地理环

境、历史渊源、文化传统等紧密相连，是社区身份和文化认同的重要标志。因此，非物质文化遗产的权利主体往往具有明确的社区归属感和身份认同，他们通过参与非物质文化遗产的保护、传承和利用，维护和彰显了社区的文化特色和身份认同。由于非物质文化遗产的无形性、活态性等特点，其权利内容往往涉及文化传承权、表演权、知情权、参与权、惠益分享权等多个方面。这些权利既体现了非物质文化遗产权利主体的文化权益，也反映了他们在非物质文化遗产保护中的特殊地位和作用。

（二）权利主体的特征

1. 多元性

非物质文化遗产权利主体具有显著的多元性特征。这一特征主要体现在权利主体的形态多样性上，即非物质文化遗产的权利主体可能包括个体、群体、社区、民族等多种形态。个体作为非物质文化遗产的创造者和传承者，是权利主体中最基本的单元。他们通过个人的智慧、技艺和创造力，创造了丰富多彩的非物质文化遗产，并通过口传心授、师徒传承等方式，将这些文化遗产传递给后代。群体是由具有共同文化特征、传统习俗或职业身份的个体组成的集合体。在非物质文化遗产保护和传承中，群体往往扮演着重要的角色。他们通过集体的力量和智慧，共同维护和传承着特定的非物质文化遗产，确保其得以延续和发展。社区作为非物质文化遗产的重要载体，也是权利主体的重要组成部分。社区的文化传统、习俗和信仰等非物质文化遗产，是社区身份和文化认同的重要标志。因此，社区在非物质文化遗产的保护和传承中具有不可替代的地位和作用。民族是非物质文化遗产更为宏观的权利主体。每个民族都有独特的文化传统、历史渊源和民族特色，这些文化元素构成了民族的非物质文化遗产。民族作为权利主体，有权保护和传承其独特的非物质文化遗产，确保其得以世代相传。然而，非物质文化遗产权利主体的多元性也给权利主体的识别和保护带来了挑战。由于权利主体的形态多样性，使得在识别权利主体时需要考虑多种因素和多维度。同时，不同权利主体之间可能存在利益冲突和矛盾，如何平衡和协调各方利益，成为非物质文化遗产保护中的重要问题。

2. 动态性

非物质文化遗产权利主体还具有动态性特征。这一特征主要体现在权利主体可能随着时间、社会变迁而发生变化。随着时间的推移，非物质文化遗产的传承者和保护者可能发生变化。原有的传承者可能出于年龄、健康等原因无法继续承担传承责任，而新的传承者则可能受到兴趣等因素影响加入传承队伍中来。这种传承者的变化可能导致权利主体的变更和调整。社会变迁也会对非物质文化遗产权利主体产生影响。随着社会的发展进步，人们的生活方式、价值观念等可能发生变化，这可能导致对非物质文化遗产的认知和评价也发生变化。同时，社会变迁还可能带来文化融合和文化冲突等现象，进一步影响非物质文化遗产权利主体的界定和保护。动态性特征对非物质文化遗产权利主体的界定和法律保护提出了更高要求。一方面，需要建立灵活有效的权利主体识别机制，及时准确地识别权利主体的变更和调整；另一方面，需要完善法律保护制度，确保权利主体在法律上的地位和权益得到充分保障。同时，需要加强社会宣传和教育，提高公众对非物质文化遗产的认识和保护意识，为非物质文化遗产的保护和传承营造良好的社会环境。

二、非物质文化遗产权利主体的识别原则与方法

（一）识别原则

1. 尊重传统与习俗

在识别非物质文化遗产权利主体时，尊重相关社区或群体的传统和习俗是一项至关重要的原则。非物质文化遗产是特定社区、群体或个人在长期生产生活实践中创造并传承下来的文化表现形式，其背后蕴含着深厚的文化传统和习俗规范。这些传统和习俗不仅是非物质文化遗产的重要组成部分，而且是权利主体身份和文化认同的重要标志。

尊重传统与习俗在权利主体识别中的具体应用体现在以下三个方面。首先，在识别权利主体时，应充分考虑相关社区或群体的文化传统和习俗规范，确保识别过程与这些传统和习俗相契合。例如，在识别某项传统技

艺的权利主体时，应尊重该技艺的传承方式和传承规则，确保真正的传承者被识别为权利主体。其次，尊重传统与习俗还意味着在权利主体识别过程中，应充分听取相关社区或群体的意见和建议。这些社区或群体作为非物质文化遗产的创造者和传承者，对权利主体的识别具有最直接的发言权和参与权。因此，在识别过程中，应通过建立有效的沟通机制和参与机制，确保相关社区或群体的意见和建议得到充分表达及考虑。最后，尊重传统与习俗还要求在权利主体识别后，应尊重权利主体对传统和习俗的维护和传承。这意味着在法律保护机制中，应为权利主体提供必要的支持和保障，确保其能够继续按照传统和习俗进行非物质文化遗产的保护和传承。

2. 公平、公正与透明

公平、公正与透明是识别非物质文化遗产权利主体时必须遵循的基本原则。这些原则确保了权利主体识别过程的公正性与合理性，也为权利主体的法律保护提供了坚实的基础。公平原则要求在权利主体识别过程中，应平等地对待所有可能的权利主体，不偏袒任何一方。这意味着在权利主体识别过程中，应基于客观事实和证据进行评判，避免主观偏见和歧视的影响。同时，应确保所有可能的权利主体都有平等的机会参与识别过程，表达自己的意见和诉求。公正原则强调在权利主体识别过程中，应遵循正义和道德的原则，确保识别结果的公正性与合理性。这要求权利主体识别过程应遵循法律法规和相关政策的规定，确保识别结果的合法性与合规性。同时，应考虑社会公共利益和公共秩序的要求，确保识别结果符合社会公正和道德的标准。透明原则要求在权利主体识别过程中，应保持信息的公开和透明，确保所有相关方都能及时获取准确的信息。这意味着在权利主体识别过程中，应及时公布识别标准、程序、结果等信息，接受社会监督和质询。同时，应建立有效的申诉和救济机制，为可能的权利主体提供必要的法律保障和救济途径。为了确保权利主体识别过程的公平、公正与透明，可以采取一系列具体措施。例如，建立独立的识别机构和专家委员会，负责权利主体的识别工作；制定明确的识别标准和程序，确保识别过程的规范化和标准化；加强信息公开和透明度建设，及时公布识别的相关信息；建立有效的申诉和救济机制，为可能的权利主体提供法律保障和救济途径等。这些措施的实施将有助于确保权利主体识别过程的公正性与合理性，为非物质文化遗产的法律保护提供坚实的基础。

（二）识别方法

1. 历史文献研究

历史文献研究是识别非物质文化遗产权利主体的重要方法之一。通过系统梳理和分析相关历史文献，可以追溯非物质文化遗产的起源、发展脉络及传承过程，从而识别出其中的权利主体。历史文献研究包括搜集和整理与非物质文化遗产相关的古籍、志书、档案、碑刻、口述历史等文献资料。这些文献可能记载了非物质文化遗产的创造过程、传承方式、表演者或传承者的信息，以及相关的社会背景和文化环境。通过对这些文献的深入研究和分析，可以逐步还原非物质文化遗产的历史面貌，并识别出其中的权利主体。然而，历史文献在权利主体识别过程中也存在一定的局限性。首先，历史文献可能出于年代久远、保存不善等原因而残缺不全，导致信息缺失或失真。其次，历史文献中的记载可能存在偏见或误导，需要谨慎甄别和判断。因此，在利用历史文献进行权利主体识别时，需要结合其他证据和材料进行相互印证，以确保识别结果的准确性和可靠性。为了弥补历史文献的局限性，可以采取一些补充手段。例如，通过访谈非物质文化遗产的传承者、相关专家学者，获取更多关于非物质文化遗产的历史信息和传承情况；通过实地考察和调研，了解非物质文化遗产在当地的传承状况和社会影响；通过搜集和分析相关的民俗资料、影像资料等，丰富和完善非物质文化遗产的历史档案。

2. 田野调查与社区参与

田野调查与社区参与是识别非物质文化遗产权利主体的另一种关键方法。田野调查是一种深入实地、通过观察和访谈等方式获取第一手资料的研究方法，而社区参与则强调与非物质文化遗产相关的社区或群体进行直接交流与合作。在田野调查中，研究者需要深入到非物质文化遗产的传承地，与传承者、相关社区或群体进行面对面的交流和访谈。通过观察和记录他们的表演、制作过程、仪式活动等，可以深入了解非物质文化遗产的内涵和特点。同时，通过与传承者的深入交谈，可以了解他们的传承经历、家族背景、师承关系等信息，从而识别非物质文化遗产的权利主体。社区参与强调在田野调查的基础上，与相关社区或群体建立紧密的合作关系。研究者需要尊重社区或群体的意愿和需求，与他们共同制订调查计划和研究方案。在调查过程中，应充分听取社区或群体的意见和建议，确保调查结果的客观性和准确性。同时，可以通过组织社区活动、培训等方式，提高社区或群体对非物质文化遗产的认识和保护意识。在实施田野调查与社区参与时，需要注意以下三点。首先，要尊重相关社区或群体的文化传统和习俗规范，避免对他们的生活造成干扰或破坏；其次，要保护传承者和相关社区或群体的隐私权和知识产权，确保他们的合法权益不受侵犯；最后，要建立有效的沟通机制和反馈机制，及时将调查结果反馈给相关社区或群体，并听取他们的反馈和意见。

3. 法律与政策分析

法律与政策分析也是识别非物质文化遗产权利主体的重要方法之一。通过分析相关法律和政策文件，可以了解国家对非物质文化遗产的保护政策和法律规定，从而识别其中的权利主体。法律与政策分析包括搜集和整理与非物质文化遗产相关的法律法规、政策文件、国际公约等。这些法律文件可能规定了非物质文化遗产的定义、保护范围、保护措施、权利主体的权利和义务等内容。通过对这些法律文件的深入研究和分析，可以明确非物质文化遗产的法律地位和保护要求，并识别出其中的权利主体。一方面，法律文件为权利主体的识别提供了明确的法律标准和依据；另一方面，法律文件也为权利主体的保护提供了法律保障和支持。因此，在利用法律与政策分析进行权利主体识别时，需要充分考虑法律文件的权威性和有效性，确保识别结果的合法性与合规性。同时，需要注意法律文件的时效性和适用性。随着社会的不断发展和变化，法律文件也可能进行修订和完善。因此，在进行法律与政策分析时，需要关注法律文件的最新动态和修订情况，确保识别结果与当前法律政策的要求相一致。

三、非物质文化遗产权利主体的具体识别与案例分析

（一）个体权利主体识别

1. 传承人的识别与保护

传承人在非物质文化遗产保护中占据着举足轻重的地位，他们是非物质文化遗产的重要承载者和传递者，通过口传心授、师徒传承等方式，将非物质文化遗产的技艺、知识、价值观等传递给后代。传承人的存在确保了非物质文化遗产的活态传承，使得这些宝贵的文化遗产得以延续和发展。为了准确识别传承人，需要确立一系列明确的识别标准。这些标准应包括但不限于传承人所掌握的非物质文化遗产技艺的熟练程度、对非物质文化遗产内涵和价值的深刻理解、在相关社区或群体中的影响力和认可度，以及其在非物质文化遗产传承中所做出的贡献等。通过这些标准，可以筛选出那些真正具备传承能力和传承意愿的个体作为传承人。在识别出传承人后，保护措施的实施至关重要。首先，应给予传承人充分的法律地位认可，明确其在非物质文化遗产保护中的权利和义务。其次，应提供必要的经济支持，如设立传承经费、提供生活补贴等，以保障传承人的基本生活需求，使其能够专心致力于非物质文化遗产的传承工作。此外，还应加强对传承人的培训和教育，提高其传承能力和水平，同时鼓励其参与非物质文化遗产的保护和传承活动，如举办传承培训班、参与文化交流等。

2. 创作者的权利识别与保护

创作者在非物质文化遗产创作过程中发挥着至关重要的作用，他们是非物质文化遗产的原创者和创新者，通过其独特的创造力和艺术才华，为非物质文化遗产注入了新的活力和内涵。因此，识别和保护创作者的权利对于非物质文化遗产的保护和传承具有重要意义。创作者在非物质文化遗产创作中的权利主要包括署名权、保护作品完整权、使用权和获得报酬权等。署名权是指创作者有权在其创作的非物质文化遗产作品上署名，以表明其作者身份；保护作品完整权是指创作者有权保护其作品不受歪曲、篡改或其他形式的损害；使用权是指创作者有权决定其作品的使用方式、范

围和条件；获得报酬权是指创作者有权从其作品的使用中获得相应的经济报酬。为了准确识别创作者的权利，需要采取一系列有效的方法。首先，应加强对非物质文化遗产作品的登记和备案工作，确保创作者的作品能够得到及时的法律认可和保护。其次，应建立完善的权利认证机制，通过专家评审、社区认可等方式，确认创作者的身份和权利。最后，还应加强对创作者的法律宣传和教育，提高其权利意识和法律保护能力。在识别出创作者权利后，保护策略的实施同样重要。一方面，应加强对创作者权利的法律保护，完善相关法律法规和政策措施，为创作者提供有力的法律保障。另一方面，应建立合理的利益分配机制，确保创作者能够从其作品的使用中获得应有的经济报酬。同时，应加强对创作者的支持和鼓励，为其提供创作条件和创作环境，激发其创作热情和创造力。

（二）群体或社区权利主体识别

1. 群体或社区的界定与识别

在非物质文化遗产保护过程中，群体或社区作为权利主体，扮演着至关重要的角色。他们不仅是非物质文化遗产的创造者和传承者，更是其文化内涵和精神价值的守护者。群体或社区通过世代相传的方式，将非物质文化遗产融入其日常生活、节日庆典、仪式习俗等，使其得以延续和发展。为了准确地界定和识别非物质文化遗产中的群体或社区权利主体，需要明确一定的标准。这些标准应基于群体或社区与非物质文化遗产之间的紧密联系，包括但不限于：群体或社区对非物质文化遗产的创造、传承和发展所做出的贡献，群体或社区在非物质文化遗产传承过程中的组织性和参与度，以及群体或社区对非物质文化遗产的文化认同感和归属感等。在权利主体识别过程中，可以采取多种方法，例如，首先，通过田野调查，深入了解群体或社区的非物质文化遗产传承情况，包括其传承历史、传承方式、传承人等。其次，通过社区参与，与群体或社区成员进行直接交流，了解他们对非物质文化遗产的认知和态度。最后，还可以结合历史文献、口述历史等资料，对群体或社区在非物质文化遗产中的权利主体地位进行佐证。

2. 群体或社区权利的保护与实现

群体或社区作为非物质文化遗产的权利主体，其权利的保护和实现是非物质文化遗产法律保护机制的重要组成部分。群体或社区的权利主要包括对非物质文化遗产的知情权、参与权、表达权、收益权，以及文化尊严得到尊重的权利等。在保护内容上，应确保群体或社区能够充分了解其所拥有的非物质文化遗产的价值和意义，有权参与非物质文化遗产的保护和传承活动，有权表达其对非物质文化遗产的看法和意见，并有权从非物质文化遗产的利用中获得合理的经济收益。同时，应尊重群体或社区的文化尊严，避免对其文化进行歪曲、贬损或滥用。在实现途径上，可以通过立法保护、政策扶持、社会支持等多种方式来实现群体或社区的权利。在立法保护方面，可以制定相关法律法规，明确群体或社区在非物质文化遗产中的权利主体地位，为其提供法律保障。在政策扶持方面，可以出台相关政策措施，鼓励和支持群体或社区参与非物质文化遗产的保护和传承活动。在社会支持方面，可以加强社会宣传和教育，提高公众对非物质文化遗产的认知和保护意识，为群体或社区的权利实现营造良好的社会环境。在法律保护机制中，群体或社区权利主要体现在：一是法律法规的明确规定，为群体或社区提供法律上的确认和保护；二是法律程序的设立和完善，确保群体或社区在权利受到侵害时能够通过法律途径寻求救济；三是法律责任的明确和追究，对侵害群体或社区权利的行为进行法律制裁和要求赔偿。

第二节　非物质文化遗产的权属内容解析

一、非物质文化遗产权属的基本构成

（一）权属的核心要素

1. 权利的性质与特征

非物质文化遗产权属的法律性质是一个复杂而多维的问题。从广义上讲,非物质文化遗产权属可以被视为一种特殊的知识产权,因为它涉及对传统文化表达、传统知识、传统技艺等无形文化财产的保护。然而,与传统的知识产权(如版权、专利权)相比,非物质文化遗产权属又具有独特的性质。它不仅仅是一种单纯的财产权,还蕴含着深厚的文化内涵和社区身份认同,因此其法律性质更接近于一种复合性的权利,既包含财产权益,也涉及文化权益。非物质文化遗产权属具有以下两个特有的特征。首先,无形性是其主要特征之一。非物质文化遗产不像物质文化遗产那样具有实体的形态,它是以技艺、知识、传统等形式存在的,无法直接触摸或感知。这种无形性使得非物质文化遗产权属的保护和管理变得尤为复杂。其次,传承性是其另一个重要特征。非物质文化遗产是通过世代相传的方式得以延续和发展的,其权属也随之在传承过程中不断转移和演变。这种传承性要求在保护非物质文化遗产权属时,必须充分考虑其历史渊源和传承脉络。

2. 权利的主体与客体

明确非物质文化遗产权属的主体是构建法律保护机制的基础。一般来说,非物质文化遗产权属的主体可以是个人、群体或社区。个人作为非物质文化遗产的传承人,承载着特定的技艺或知识;群体或社区是非物质文化遗产的创造者和守护者,他们通过世代相传的方式,将非物质文化遗产融入其日常生活和文化传统中。因此,在界定非物质文化遗产权属的主体时,必须充分考虑到个人、群体和社区在非物质文化遗产传承和发展中的作用和贡献。界定非物质文化遗产权属的客体是确定法律保护范围的关键。非物质文化遗产权属的客体是指这些权利所指向的具体对象或内容,包括传统文化表达、传统知识、传统技艺、民俗活动、节庆仪式等。这些客体既是非物质文化遗产的重要组成部分,也是其独特价值和魅力的体现。在界定非物质文化遗产权属的客体时,需要遵循一定的标准和原则,确保所界定的客体既符合非物质文化遗产的定义和特征,又能够充分反映其文化内涵和社区身份认同。

（二）权属的内容范围

1. 精神权利

非物质文化遗产权属中的精神权利，是指与非物质文化遗产相关的权利人在精神层面所享有的权益。这些权利主要体现为署名权和保护作品完整权。署名权，即非物质文化遗产的传承人或创作群体有权在其传承或创作的非物质文化遗产上署名，以表明其身份和贡献。这一权利对于维护非物质文化遗产的真实性和传承人的尊严至关重要。在非物质文化遗产的传播和利用过程中，尊重并标明传承人的署名，不仅是对传承人劳动成果的认可，而且是对其文化身份的尊重。保护作品完整权是指非物质文化遗产的传承人或创作群体有权保护其传承或创作的非物质文化遗产不受歪曲、篡改或其他形式的损害。这一权利确保了非物质文化遗产的完整性和原真性，防止其在传播和利用过程中被误用或滥用。对于那些具有深厚历史底蕴和文化价值的非物质文化遗产来说，保护作品完整权是维护其文化价值和传承脉络的重要保障。

精神权利在非物质文化遗产保护中的重要性不言而喻。一方面，它是维护非物质文化遗产真实性和原真性的法律基础。只有充分尊重并保护传承人的精神权利，才能确保非物质文化遗产在传承和发展过程中不被歪曲或篡改，从而保持其独特的文化价值和魅力。另一方面，精神权利也是激励传承人积极参与非物质文化遗产保护的重要动力。当传承人的精神权利得到充分尊重和保护时，他们更愿意将自己的技艺和知识传授给后代，为非物质文化遗产的传承和发展做出贡献。

2. 经济权利

非物质文化遗产权属中的经济权利，是指与非物质文化遗产相关的权利人在经济层面所享有的权益。这些权利主要体现为使用权和收益权。使用权，即非物质文化遗产的传承人或创作群体有权决定其传承或创作的非物质文化遗产的使用方式和范围。这一权利确保了传承人对非物质文化遗产的控制权，防止其在未经允许的情况下被他人擅自使用或滥用。使用权既是非物质文化遗产商业化利用的基础，也是传承人实现其经济权益的重要途径。收益权是指非物质文化遗产的传承人或创作群体有权从其传承或创作的非物质文化遗产的利用中获得经济收益。这一权利体现了传承人对非物质文化遗产的经济价值享有权益，是激励其积极参与非物质文化遗产保护和传承的重要动力。通过实现收益权，传承人可以获得经济上的回报，从而更有动力去传承和发展非物质文化遗产。

经济权利的实现方式和保护措施是非物质文化遗产法律保护机制的重要内容。一方面，需要通过法律法规明确传承人的经济权利，为其提供法律保障。另一方面，需要通过市场机制和政策扶持等手段，促进非物质文化遗产的商业化利用，为传承人提供实现经济权利的途径和机会。同时，需要加强对非物质文化遗产市场的监督和管理，防止市场混乱和侵权行为的发生，确保传承人的经济权益得到充分保护。

二、非物质文化遗产权属的具体表现

（一）传统表演艺术的权属

1. 表演者的权利

在传统表演艺术中，表演者作为非物质文化遗产的重要承载者和传播者，享有着一系列与其表演活动相关的权利。这些权利主要包括表演权和表演者权。表演权是指表演者对其表演活动所享有的独占性权利。这一权利允许表演者决定其表演的方式、地点和时间，以及是否允许他人对其表演进行录音、录像或广播等。表演权的存在，保护了表演者的创作成果和劳动付出，确保他们能够从自己的表演活动中获得应有的经济和精神回报。表演者权是一个更为宽泛的概念，它涵盖了表演者对其表演活动所享有的所有权利。表演者权包括署名权、保护表演完整权、获得报酬权等。署名权允许表演者在其表演作品上署名，以表明其身份和贡献；保护表演完整权确保表演者的表演作品不被歪曲、篡改或其他形式的损害；获得报酬权保证了表演者能够从其表演活动中获得合理的经济收益。

尽管表演者享有这些权利，但在实际保护过程中，仍存在一些问题和挑战。一方面，由于传统表演艺术的特殊性，其表演形式和内容往往难以被准确界定和衡量，导致表演者的权利容易受到侵犯。另一方面，一些表演者可能缺乏足够的法律意识和保护手段，难以有效地维护自己的权益。为了改进表演者权利的保护现状，可以从以下三个方面入手：一是加强法律法规的制定和完善，明确表演者的权利范围和保护措施；二是提高表演者的法律意识和保护能力，通过培训和教育等方式增强他们的维权意识；三是加强对传统表演艺术市场的监督和管理，打击侵权行为，维护表演者的合法权益。

2. 表演艺术的传承与发展权

传统表演艺术的传承与发展是非物质文化遗产保护的重要组成部分。表演艺术的传承不仅关乎着文化的延续和多样性，而且涉及表演者的生计和社区的文化认同。因此，保护表演艺术的传承与发展权具有十分重要的意义。为了保护表演艺术的传承与发展权，应做好以下四方面工作。首先，加强对传统表演艺术的记录和整理工作。通过文字、音频、视频等多种方式，对传统表演艺术进行全面、系统的记录和整理，为后世的传承和研究提供丰富的资料和素材。其次，推动传统表演艺术的教育和传播。将传统表演艺术纳入学校课程体系，通过课堂教学、课外活动等形式，让更多的年轻人了解和接触传统表演艺术，培养他们的兴趣和爱好。同时，利用现代传媒手段，如互联网、广播电视等，扩大传统表演艺术的传播范围和影响力。再次，加强对传统表演艺术传承人的保护和支持。传承人作为传统表演艺术的重要承载者和传播者，承载着丰富的技艺和知识。因此，应该加强对传承人的保护和支持，为他们提供必要的生活保障和传承条件，激励他们积极参与传统表演艺术的传承和发展工作。最后，建立和完善传统表演艺术的保护机制。通过制定相关法律法规和政策措施，明确传统表演艺术的保护范围和保护措施，加强对传统表演艺术市场的监督和管理，打击侵权行为，维护传统表演艺术的合法权益和传承与发展权。

（二）传统手工艺技能的权属

1. 手工艺人的权利

传统手工艺技能作为非物质文化遗产的重要组成部分，其承载者和传播者——手工艺人享有一系列与其技艺和作品相关的权利。这些权利不仅体现了对手工艺人劳动成果的尊重,而且是激励他们继续传承和发展手工艺技能的重要动力。手工艺人首先享有技艺传承权。这一权利意味着手工艺人有权决定其技艺的传承方式、对象和范围。他们既可以选择将技艺传授给家族成员、徒弟或其他人,也可以选择保持技艺的秘密性。技艺传承权的保护对于确保手工艺技能的延续和发展至关重要,它防止了技艺的流失和断代,保证了手工艺技能的传承脉络和独特性。此外,手工艺人还享有作品所有权。他们创作的手工艺品是其劳动和智慧的结晶,因此,他们有权决定作品的使用、处置和收益方式。作品所有权的保护对于维护手工艺人的经济利益和创作积极性具有重要意义。它确保了手工艺人能够从其作品中获得合理的经济回报,从而激励他们继续投入创作和创新。为了保护手工艺人的这些权利,需要建立完善的保护机制。一方面,可以通过法律法规明确手工艺人的权利范围和保护措施,为他们提供法律保障。例如,制定相关法律法规,明确手工艺品的著作权归属和使用权、转让权等,确保手工艺人的权益不受侵犯。另一方面,可以加强对手工艺市场的监督和管理,打击侵权行为,维护手工艺人的合法权益。同时,可以通过建立手工艺人协会或组织,为手工艺人提供技术支持、法律援助和市场信息等,帮助他们更好地维护自己的权益。

实现手工艺人权利的路径也是多方面的。首先,需要加强对手工艺人的培训和教育,提高他们的法律意识和保护能力。通过培训和教育,手工艺人可以了解自己的权利范围和保护措施,学会如何维护自己的权益。其次,需要加强对手工艺品的宣传和推广,提高手工艺品的知名度和市场价值。这可以通过举办展览、参加比赛、开展网络营销等方式实现。最后,需要加强对手工艺技能的保护和传承工作,确保手工艺技能的延续和发展。这可以通过建立传承基地、开展传承活动、记录整理手工艺技能等方式实现。

2. 手工艺技能的创新与发展权

手工艺技能的创新与发展是非物质文化遗产保护的重要任务之一。手工艺技能作为传统文化的重要组成部分,不仅承载着丰富的历史和文化信息,而且具有独特的艺术价值和实用价值。然而,随着社会的发展和科技的进步,手工艺技能面临着严峻的挑战和机遇。一方面,传统手工艺技能可能因市场需求的变化而逐渐衰落；另一方面，新的科技手段和市场环境也为手工艺技能的创新和发展提供了新的可能。强调手工艺技能创新与发展的重要性不言而喻。创新是手工艺技能发展的动力源泉，只有不断创新，才能保持手工艺技能的活力和吸引力。同时，发展也是手工艺技能传承的必然要求，只有不断发展，才能适应社会的变化和需求。为了促进手工艺技能的创新与发展，需要制定一系列法律政策和支持措施。首先，可以通过法律法规鼓励手工艺人进行创新尝试和实验性创作，为他们的创新活动提供法律保障和支持。例如，可以制定相关政策法规，对手工艺人的创新作品给予知识产权保护，鼓励他们进行创新和研发。其次，可以加强对手工艺技能的研究和开发工作，推动手工艺技能与现代科技、设计、市场等元素的融合与创新。这可以通过建立研发机构、开展合作项目、举办创新设计比赛等方式实现。再次，可以加强对手工艺人的培训和教育，提高他们的创新能力和市场竞争力。通过培训和教育，手工艺人可以了解新的设计理念、市场趋势和科技手段，从而更好地进行创新和发展。最后，可以加强对手工艺技能的宣传和推广工作，提高公众对手工艺技能的认识和重视程度。这可以通过举办展览、开展文化活动、加强媒体宣传等方式实现。

（三）民俗活动及传统知识的权属

1. 民俗活动组织者的权利

民俗活动作为非物质文化遗产的重要组成部分，不仅承载着丰富的历史文化信息，而且体现了社区或群体的独特文化身份和认同感。民俗活动的组织者作为这些活动的策划者、实施者和传承者，享有一系列与其角色相关的权利。民俗活动组织者首先享有活动举办权。这一权利意味着组织者有权决定活动的举办时间、地点、形式和内容，以及参与活动的人员范围。活动举办权的保护对于确保民俗活动的正常进行和传承至关重要，它防止了外部干扰和破坏，保证了活动的独特性和完整性。此外，民俗活动组织者还享有文化传承权。他们作为民俗活动的传承者和守护者，有权决定如何传承和发展这些活动，包括传授给谁、如何传授以及传承内容等。文化传承权的保护对于确保民俗活动的延续和传承具有重要意义，它激励了组织者积极投入传承工作，保证了民俗活动的生命力和活力。为了保护民俗活动组织者的这些权利，需要采取一系列保护策略和实现方式。首先，可以通过法律法规明确民俗活动组织者的权利范围和保护措施，为他们提供法律保障。例如，制定相关法律法规，明确民俗活动的举办条件、程序和要求，以及组织者的权利和义务等。其次，可以加强对民俗活动的监督和管理，确保活动的合法性和规范性。这可以通过建立审批制度、加强执法力度等方式实现。再次，可以加强对民俗活动组织者的培训和支持，提高他们的组织能力和传承水平。通过培训和支持，组织者可以更好地策划和实施活动，提高活动的质量和影响力。最后，可以加强对民俗活动的宣传和推广工作，提高公众对民俗活动的认识和重视程度。这可以通过举办展览、开展文化活动、加强媒体宣传等方式实现，从而增强民俗活动的社会影响力和传承动力。

2. 传统知识的权属界定与保护

传统知识作为非物质文化遗产的另一种重要形式，是人类在长期生产生活中积累下来的智慧结晶。它包括传统的技艺、经验、知识和做法等，具有独特的文化价值和实用价值。然而，由于传统知识的特殊性和复杂性，其权属界定和保护面临着诸多挑战。传统知识的权属界定问题主要涉及谁享有传统知识的权利。一般来说，传统知识是由特定社区或群体共同创造和拥有的，因此其权属应该归属于该社区或群体。然而，在实际操作中，由于传统知识的传承方式和特点，很难确定具体的权利主体和权属范围。为了解决这一问题，需要加强对传统知识的研究和记录工作，明确其来源、传承方式和权属关系等。为了保护传统知识的权属，需要采取一系列具体措施和建议。首先，可以建立传统知识数据库，对传统知识进行系统、全面的记录和整理。这有助于明确传统知识的权属关系和传承脉络，为后续的保护和利用提供基础数据和支持。其次，可以加强法律保护力度，制定相关法律法规和政策措施，明确传统知识的保护范围和保护措施。例如，可以制定传统知识保护法或相关条例，明确传统知识的定义、权属、使用和保护等规定。再次，可以加强对传统知识的宣传和教育力度，提高公众对传统知识的认识和重视程度。通过宣传和教育，可以增强人们对传统知识的尊重和保护意识，促进传统知识的传承和发展。最后，可以加强国际合作与交流，共同推动传统知识的保护和发展。通过与国际组织和其他国家合作，可以分享经验、交流做法、共同研究传统知识的保护问题，为传统知识的全球保护做出积极贡献。

三、非物质文化遗产权属的保护与挑战

（一）权属保护的法律制度

1. 国内法律制度的现状与完善

我国非物质文化遗产权属保护的法律制度在近年来取得了显著进展，但仍存在一些不足和待完善之处。目前，我国已经形成了一系列保护非物质文化遗产的法律法规体系，包括《中华人民共和国非物质文化遗产法》等专门性法律，以及散见于其他相关法律法规中的保护条款。这些法律法规为非物质文化遗产的保护提供了基本的法律框架和依据，明确了非物质文化遗产的定义、保护原则、保护措施及法律责任等。然而，在非物质文化遗产权属保护方面，我国法律制度仍存在一些具体问题。一方面，现有法律法规对非物质文化遗产权属的界定不够明确，导致在实践中权属纠纷频发，难以有效地保护权利人的合法权益。另一方面，执法力度不足，对侵犯非物质文化遗产权属的行为打击不够有力，使得一些非法行为得不到应有的惩处。

为了完善我国非物质文化遗产权属保护的法律制度，首先，应制定专门性法规，明确非物质文化遗产权属的界定和保护范围。通过制定专门性法规，可以更加具体、明确地规定非物质文化遗产权属的内容、权利人的权利和义务，以及权属纠纷的处理机制等，为非物质文化遗产权属的保护提供有力的法律保障。其次，应加强执法力度，严厉打击侵犯非物质文化遗产权属的行为。执法部门应加大对非法行为的查处力度，对侵犯非物质文化遗产权属的行为进行严厉惩处，形成有效的威慑力，维护权利人的合法权益。最后，还可以加强法律宣传和教育，提高公众对非物质文化遗产权属保护的认识和重视程度。通过法律宣传和教育，可以增强公众的法律意识和保护意识，促进非物质文化遗产权属的保护和传承。

2. 国际法律制度的借鉴与融合

在国际层面，非物质文化遗产权属保护的法律制度已经相对成熟和完善。许多国家和地区都制定了专门的法律法规来保护非物质文化遗产权属，并形成了较为完善的保护机制和体系。国际法律制度在非物质文化遗产权属保护方面积累了丰富的经验。例如，一些国家通过制定专门性法律来明确非物质文化遗产权属的内容和保护范围；一些国家建立了非物质文化遗产权属登记制度，对非物质文化遗产进行确权和登记；还有一些国家加强了与国际组织的合作与交流，共同推动非物质文化遗产权属的保护和发展。

我国可以借鉴和融合国际法律制度的有益经验，提高我国非物质文化遗产权属保护水平。首先，借鉴国际法律制度中明确非物质文化遗产权属内容和保护范围的做法，完善我国相关法律法规。通过借鉴国际经验，可以更加准确地界定非物质文化遗产权属的内容和保护范围，为权利人的合法权益提供有力的法律保障。其次，学习国际法律制度中建立非物质文化遗产权属登记制度的经验，探索建立符合我国国情的权属登记制度。通过权属登记制度的建立，可以对非物质文化遗产进行确权和登记，明确权利人的身份和权益，为权属纠纷的处理提供有力的依据。最后，加强与国际组织的合作与交流，共同推动非物质文化遗产权属的保护和发展。通过与国际组织的合作与交流，可以学习借鉴国际先进经验和技术手段，提高我国非物质文化遗产权属保护的水平和能力；同时，可以加强与国际社会的沟通和协作，共同应对非物质文化遗产权属保护面临的挑战和问题。

（二）权属保护面临的挑战与对策

1. 权属界定的模糊性与复杂性

非物质文化遗产权属的界定，因其独特的文化属性和传承方式，呈现模糊性与复杂性的特征，这是非物质文化遗产权属保护面临的一大挑战。非物质文化遗产权属的模糊性主要源于其创造和传承过程中的集体性和流变性。许多非物质文化遗产是由特定社区或群体在长期的生产生活实践中共同创造并传承下来的，其权属往往难以明确归属于某一个体或组织。同时，在传承过程中，非物质文化遗产会随着时间、环境和社会变迁而不断演变，这种流变性使得权属的界定更加复杂。为了应对非物质文化遗产权属界定的模糊性问题，首先，应加强调查研究，深入了解非物质文化遗产的历史渊源、传承方式和权属状况。通过田野调查、口述史记录等方法，收集第一手资料，为权属界定提供翔实的基础数据。其次，应建立专家咨询机制，邀请非物质文化遗产保护、法学、人类学等领域的专家学者，对权属界定问题提供专业意见和建议。专家咨询机制可以确保权属界定的科学性和准确性，避免因为专业知识不足而导致的权属纠纷。最后，应推动立法完善，明确非物质文化遗产权属界定的原则和方法。在立法过程中，应充分考虑非物质文化遗产的特性和传承方式，制定符合其特点的权属界定规则，为权属保护提供法律保障。

2. 权属保护的实施难度与监督机制

非物质文化遗产权属保护的实施难度主要体现在执法资源有限、执法手段单一以及权属纠纷处理复杂等方面。由于非物质文化遗产的多样性和分散性，执法部门往往难以全面覆盖所有保护对象，导致权属保护存在空白和漏洞。同时，权属纠纷的处理也涉及法律、文化、历史等多个领域，需要跨部门的协作，增加了处理的难度和复杂性。为了加强非物质文化遗产权属保护的实施难度应对和监督机制建设，首先，应建立举报奖励制度，鼓励公众积极参与非物质文化遗产权属保护。通过设立举报渠道和奖励机制，激发公众的保护意识和参与度，形成全社会共同保护非物质文化遗产权属的良好氛围。其次，应加强执法监督，确保权属保护法律法规的有效实施。执法部门应加大对非法侵占、破坏非物质文化遗产权属行为的查处力度，严格执法、公正司法，维护权利人的合法权益；同时，应加强对执法人员的培训和管理，提高其专业素养和执法水平。再次，应完善跨部门协作机制，加强文化、法律、历史等领域的沟通与合作。通过建立跨部门协作平台和信息共享机制，促进各领域之间的协同作战，共同应对非物质文化遗产权属保护中的复杂问题。最后，应加强国际交流与合作，借鉴国际先进经验和技术手段。通过与国际组织和其他国家的合作与交流，学习借鉴其在非物质文化遗产权属保护方面的成功经验和做法，提高我国非物质文化遗产权属保护的水平和能力。

第三节 权属界定的法律挑战与实践探索

一、非物质文化遗产权属界定的法律挑战

（一）权属界定的法律空白与模糊性

1. 现有法律体系的不足

在当前的法律体系中，关于非物质文化遗产权属界定的规定存在明显的空白区域。非物质文化遗产作为一类特殊的文化遗产，其权属问题涉及文化、历史、法律等多个领域，具有复杂性和多样性。然而，现有的法律体系往往更侧重于物质文化遗产的保护，对于非物质文化遗产的权属界定缺乏具体、明确的规定。这种法律空白导致在实践中处理非物质文化遗产权属争议时缺乏明确的法律依据。当非物质文化遗产的权利人、使用者或传承者之间发生权属争议时，法律往往无法提供有效的解决途径。这不仅影响了非物质文化遗产的保护和传承，而且可能导致文化资源的流失和滥用。此外，法律空白还使得非物质文化遗产权属的保护面临诸多难题。由于权属不明，非物质文化遗产的权利人难以有效地维护自己的合法权益，而侵权者则可能趁机牟利。这种权益失衡不仅损害了权利人的利益，而且破坏了非物质文化遗产的保护和传承秩序。

2. 权属界定标准的模糊性

非物质文化遗产权属界定标准的模糊性也是当前面临的一大挑战。在非物质文化遗产权属界定过程中，如何准确界定"传统""社区"等关键概念是一个棘手的问题。"传统"是一个相对模糊的概念，它指的是历史上流传下来的思想、信仰、风俗、艺术、技能等。然而，在具体的非物质文化遗产权属界定中，如何确定某项文化元素或技能是否属于"传统"范畴往往存在争议。这种争议不仅涉及文化认知的差异，而且涉及法律界定的模糊性。同样，"社区"也是一个复杂且多变的概念。在非物质文化遗产权属界定中，"社区"通常指的是与非物质文化遗产密切相关的特定群

体或地域。然而，如何准确界定"社区"的范围和边界，以及如何确定"社区"在非物质文化遗产权属中的地位和作用，也是当前面临的一大难题。权属界定标准的模糊性对非物质文化遗产权属界定和法律保护产生了深远影响。一方面，模糊性使得权属界定过程变得复杂且难以操作，增加了权属争议的发生概率。另一方面，模糊性削弱了法律对非物质文化遗产权属的保护力度，使得权利人在维护自己合法权益时面临诸多困难。因此，为了有效地解决非物质文化遗产权属界定的法律挑战，需要不断地完善法律体系，明确权属界定标准，加强法律对非物质文化遗产权属的保护力度。同时，需要加强跨学科研究，借鉴相关学科的理论和方法，为非物质文化遗产权属界定提供更为科学、准确的依据。

（二）权属界定的跨领域协调问题

在非物质文化遗产的权属界定过程中，一个不可忽视的复杂因素在于其跨领域的法律性质，这要求在多个法律体系间寻找平衡，确保权属界定的准确性和有效性。其中，知识产权法、民法以及文化法是非物质文化遗产权属界定中最为关键且常产生冲突的几个法律领域。

1. 不同法律领域的冲突

非物质文化遗产作为一种融合了传统文化、技艺、知识和表现形式的综合体，其权属界定往往触及知识产权法的边缘。知识产权法，特别是版权法和商标法，旨在为创作者的智力成果提供保护，但非物质文化遗产的集体性、传承性和地域性特征使得其权属难以简单套用现有的个体创作者保护模式。例如，一项传统手工艺技能，可能由世代相传的群体共同创造和发展，其权属无法单一归属于某个个体或组织，这与知识产权法强调的个体创作者权益存在根本性差异。同时，民法中关于财产权的规定也为非物质文化遗产权属界定带来了挑战。民法体系倾向于保护明确的财产所有权，而非物质文化遗产的无形性、非独占性使得其权属界定变得模糊。如何在民法框架下，为非物质文化遗产这种特殊"财产"找到合适的定位，确保传承人与社区的利益，是亟待解决的问题。

文化法作为保护文化遗产、促进文化多样性的重要法律基础，其对非物质文化遗产的保护视角更加侧重于文化的传承与发展，而非单纯的法律权益分配。这种保护与知识产权法、民法在目标上的不完全一致，导致在权属界定上的法律冲突。例如，文化法可能强调非物质文化遗产的公共利益属性，而知识产权法则更倾向于保护创作者的私权，两者之间的平衡是权属界定中的一大难题。这些法律领域的冲突，不仅增加了权属界定的复杂性，而且对非物质文化遗产的法律保护构成了挑战。如何在尊重非物质文化遗产文化特性的同时，协调不同法律体系，确保权属界定的公正、合理，是非物质文化遗产保护法律机制构建中必须面对的问题。

2. 跨部门、跨地区协调的复杂性

非物质文化遗产的权属界定不仅涉及法律领域的冲突，而且面临着跨部门、跨地区协调的复杂性。非物质文化遗产往往跨越多个行政区域，涉及不同政府部门（如文化部门、知识产权部门、民政部门等）的管理职责。这些部门在职责划分、政策导向、资源分配上存在差异，导致在非物质文化遗产权属界定过程中难以形成统一的标准和流程。跨地区协调的复杂性同样不容忽视。非物质文化遗产作为地方文化的代表，其权属界定往往与地方政府、社区、传承人等多方利益紧密相关。不同地区的经济发展水平、文化背景、法律意识差异显著，使得在权属界定上难以达成共识。例如，一些地区可能更倾向于保护非物质文化遗产的传承与发展，而另一些地区则可能更注重非物质文化遗产的经济价值开发，这种差异导致在权属界定上的分歧和冲突。为了解决跨部门、跨地区协调的复杂性，需要建立有效的沟通机制和协作平台。一方面，应加强政府部门间的信息共享和协作，明确各部门在非物质文化遗产权属界定中的职责和角色，形成合力。另一方面，应尊重地方文化的多样性和差异性，通过对话、协商等方式，寻求各方利益的平衡点，确保非物质文化遗产权属界定的公正性和合理性。

二、非物质文化遗产权属界定的实践探索

（一）国内探索

在国内，非物质文化遗产的保护工作日益受到重视，各地纷纷通过地方立法和政策创新来探索非物质文化遗产权属界定的有效路径。这些实践

不仅丰富了非物质文化遗产保护的法律体系，而且为权属界定提供了更为具体和可操作性的依据。一方面，地方立法在非物质文化遗产权属界定方面进行了积极探索。例如，一些地方通过制定非物质文化遗产保护条例或办法，明确了非物质文化遗产的定义、范围、保护原则以及权属界定的基本框架。这些条例或办法通常规定，非物质文化遗产属于特定的群体或地域，其权属应由该群体或地域的代表机构或传承人享有和管理。同时，它们还规定了非物质文化遗产权属的登记、认证、传承和使用等具体制度，为非物质文化遗产的保护和传承提供了法律保障。另一方面，政策创新也为非物质文化遗产权属界定带来了新的思路。一些地方政府通过设立非物质文化遗产保护专项资金、提供税收优惠等政策措施，鼓励和支持非物质文化遗产的传承和发展。同时，它们还积极探索非物质文化遗产与旅游、教育、文化产业的融合发展，为非物质文化遗产权属界定和法律保护提供了新的动力和机遇。这些政策创新不仅促进了非物质文化遗产的传承和传播，而且为非物质文化遗产权属界定提供了更为广阔的空间和可能性。这些地方立法和政策创新实践对非物质文化遗产权属界定和法律保护产生了积极作用。它们为非物质文化遗产的保护和传承提供了明确的法律依据和制度保障，增强了非物质文化遗产传承人和相关群体的法律意识和保护意识。同时，它们还促进了非物质文化遗产与社会的融合发展，提高了非物质文化遗产的社会认知度和影响力，为非物质文化遗产的法律保护创造了更加有利的社会环境。

（二）国际实践探索

1. 国际条约与协议

在国际层面，非物质文化遗产的保护工作已经得到了广泛的关注和重视。为了加强国际合作与交流，共同推动非物质文化遗产的保护和传承，国际社会签订了一系列关于非物质文化遗产保护的国际条约和协议。在这些条约和协议中，往往包含了关于非物质文化遗产权属界定的相关规定，为各国非物质文化遗产权属界定工作提供了重要的国际法律依据。例如，《公约》是联合国教科文组织通过的一项重要国际条约，它明确了非物质文化遗产的定义、保护原则和措施，其中包括对非物质文化遗产权属的尊重和保护。《公约》强调，各缔约国应尊重非物质文化遗产所属社区、群体和个人的权益，确保他们在非物质文化遗产的保护、传承和利用中的参与和受益。这一规定为非物质文化遗产权属界定提供了基本的国际法律框架，强调了权属界定的社区参与和利益共享原则。此外，其他一些国际条约和协议也涉及非物质文化遗产权属界定的相关内容。这些条约和协议通常要求各国在非物质文化遗产保护中遵循国际法律标准，尊重非物质文化遗产所属社区的文化传统和习俗，确保非物质文化遗产的传承和发展符合其原有的文化价值和意义。国际条约和协议中关于非物质文化遗产权属界定的相关规定，对国内权属界定工作具有重要的启示和借鉴意义。一方面，它们提供了国际法律框架和标准，为国内权属界定提供了可参照的国际经验；另一方面，它们强调了社区参与和利益共享的重要性，为国内权属界定工作提供了基本的价值取向和原则指导。

2. 他国立法与保护经验

在考察其他国家在非物质文化遗产权属界定方面的立法和保护经验时，可以发现，不同国家根据其自身的文化传统和法律体系，采取了多种多样的立法模式和保护措施。一些国家通过制定专门的非物质文化遗产保护法或相关法律条款，明确了非物质文化遗产的定义、范围、保护原则和权属界定方式。例如，法国在文化遗产保护法中，将非物质文化遗产纳入保护范围，并规定了非物质文化遗产权属的登记、认证和传承等具体制度。这些立法措施为非物质文化遗产的保护和传承提供了明确的法律依据和制度保障。另一些国家通过现有的法律体系，如知识产权法、民法等，对非物质文化遗产权属进行界定和保护。它们通过司法判例和法律解释，将非物质文化遗产纳入相关法律体系的保护范围，为非物质文化遗产权属界定提供了法律支持。在他国的非物质文化遗产保护经验中，还可以看到，一些国家注重社区参与和利益共享，通过设立非物质文化遗产保护基金、提供税收优惠等政策措施，鼓励和支持非物质文化遗产的传承和发展。同时，它们还积极加强与国际社会的合作与交流，共同推动非物质文化遗产保护和传承。借鉴他国在非物质文化遗产权属界定方面的立法和保护经验，对于完善我国权属界定法律制度具有重要意义。可以从中汲取有益的法律理念、制度设计和政策措施，结合我国的实际情况和文化传统，构建符合我国国情的非物质文化遗产权属界定法律制度。具体而言，可以加强非物质文化遗产的立法保护，明确非物质文化遗产的定义、范围和权属界定方式；加强社区参与和利益共享，确保非物质文化遗产所属社区、群体和个人的权益得到充分尊重和保护；加强与国际社会的合作与交流，共同推动非物质文化遗产的保护和传承。

（三）实践探索中的创新与挑战

1. 创新性的权属界定模式

在非物质文化遗产权属界定的实践探索中，各地不断涌现出创新性的权属界定模式，这些模式在尊重非物质文化遗产特性、保障传承人权益、促进非物质文化遗产传承与发展方面发挥了积极作用。一种创新的权属界定模式是通过建立非物质文化遗产传承人登记制度来明确权属。在这种模式下，政府或相关机构对非物质文化遗产传承人进行登记认证，颁发传承人证书，以此作为权属的法律依据。这种模式有助于确认传承人的身份和地位，为其在非物质文化遗产保护、传承和利用中的权益提供法律保障。同时，传承人登记制度还能够促进非物质文化遗产的传承与发展，因为明确的传承人身份能够激励更多的人投身于非物质文化遗产的学习和传播。另一种创新模式是通过社区或群体共同管理非物质文化遗产权属。在这种模式下，非物质文化遗产所属社区或群体共同决定非物质文化遗产的使用、传承和发展方式，确保非物质文化遗产的权益得到集体保障。这种模式强调了非物质文化遗产的社区属性和集体性，有助于增强社区或群体的文化认同感和凝聚力。同时，社区或群体共同管理还能够避免非物质文化遗产被商业化或滥用，保护非物质文化遗产的纯粹性和原真性。

通过为非物质文化遗产申请商标、专利等知识产权，明确非物质文化遗产的权属和使用范围，为非物质文化遗产的保护和传承提供法律支持。这种模式在保护非物质文化遗产免受侵权方面发挥了重要作用，同时为非物质文化遗产的商业化和产业化提供了可能。这些创新性的权属界定模式对非物质文化遗产权属界定和法律保护产生了积极影响。它们为非物质文化遗产的保护和传承提供了更为具体和可操作性的法律依据，增强了非物质文化遗产传承人和相关群体的法律意识和保护意识。同时，这些模式还促进了非物质文化遗产与社会的融合发展，提高了非物质文化遗产的社会认知度和影响力。然而，这些创新模式也面临着一些潜在挑战。例如，传承人登记制度可能面临认证标准不统一、传承人身份争议等问题；社区或群体共同管理可能面临决策效率低下、权益分配不均等问题；知识产权制度与非物质文化遗产的结合可能面临法律适用困难、侵权行为难以追究等问题。因此，在推广这些创新模式时，需要充分考虑其可行性和可持续性，并不断完善和优化相关制度和机制。

2. 挑战应对与策略建议

针对实践探索中遇到的挑战，首先，应加强法律宣传和教育，提高公众对非物质文化遗产权属界定的法律意识和保护意识。通过举办法律知识讲座、发放宣传资料等方式，普及非物质文化遗产权属界定的相关法律法规和政策，让公众了解非物质文化遗产的重要性和保护意义，增强其对非物质文化遗产权属界定的认同感和参与度。其次，应完善非物质文化遗产权属界定的相关制度和机制。针对传承人登记制度、社区或群体共同管理、知识产权制度与非物质文化遗产结合等创新模式面临的问题，制定更为具体和可操作的法律法规和政策措施，明确非物质文化遗产权属界定的标准、程序和权益分配方式，确保非物质文化遗产权属界定的公正性和合法性。再次，应加强非物质文化遗产权属界定的监管和执法力度。建立健全非物质文化遗产权属界定的监管机制，加强对非物质文化遗产传承人和相关群体的监督和管理，防止非物质文化遗产被滥用或侵权。同时，加大对侵权行为的打击力度，依法追究侵权者的法律责任，维护非物质文化遗产传承人和相关群体的合法权益。最后，应加强与国际社会的合作与交流。借鉴国际上在非物质文化遗产权属界定方面的先进经验和做法，结合我国的实际情况和文化传统，不断完善和优化我国的非物质文化遗产权属界定法律制度。同时，积极参与国际非物质文化遗产保护合作与交流项目，共同推动非物质文化遗产的保护和传承事业。

第四节　权属界定的国际比较与借鉴

一、国际非物质文化遗产权属界定概况

（一）国际法律框架下的权属界定

1. 国际条约与公约的基础

在国际法律框架下，非物质文化遗产的权属界定得到了广泛的关注和重视。联合国教科文组织作为推动全球文化多样性和非物质文化遗产保护的重要国际组织，其制定的《公约》为国际非物质文化遗产权属界定提供了基础条款。《公约》中明确指出了非物质文化遗产的定义，强调了非物质文化遗产作为社区、群体和个人认同感和持续感的重要表达方式，以及其在文化多样性和人类创造力方面的价值。在此基础上，《公约》提出了非物质文化遗产保护的原则和措施，其中包括对非物质文化遗产权属的尊重和保护。具体来说，《公约》要求各缔约国确认和保护非物质文化遗产所属社区、群体和个人的有关权利，确保他们在非物质文化遗产的保护、传承和利用中的参与和受益。此外，其他一些国际条约和公约也涉及非物质文化遗产权属界定的相关内容。例如，与知识产权相关的国际条约，像《世界知识产权组织版权条约》《世界知识产权组织表演和录音制品条约》，虽然主要关注的是传统知识和民间文学艺术的版权保护，但也为非物质文化遗产权属界定提供了一定的法律框架和参考。这些国际条约与公约中的基础条款，为国际非物质文化遗产权属界定提供了明确的法律指导和原则。它们强调了非物质文化遗产的社区属性、文化多样性和人类创造力价值，以及非物质文化遗产所属社区、群体和个人的权益保护。这些条款不仅为各国制定非物质文化遗产保护法律和政策提供了国际法律依据，而且为国际非物质文化遗产权属界定的实践提供了基本的价值取向和原则指导。

2. 国际组织的角色与贡献

在国际非物质文化遗产权属界定过程中，国际组织发挥了至关重要的作用。联合国教科文组织作为推动全球非物质文化遗产保护的主要力量，不仅制定了《公约》，而且通过一系列项目和活动，促进了非物质文化遗产权属界定的国际合作与交流。联合国教科文组织通过设立非物质文化遗产名录，将具有代表性的非物质文化遗产项目列入其中，提高了全球对非物质文化遗产的认知度和保护意识。同时，联合国教科文组织还推动了非物质文化遗产的教育和传播，通过培训、研讨会等形式，加强了各国在非物质文化遗产权属界定方面的能力和经验交流。世界知识产权组织也在非物质文化遗产权属界定方面发挥了重要作用。世界知识产权组织通过其传统知识和民间文学艺术表达形式保护的相关项目，为非物质文化遗产的知识产权保护提供了技术支持和法律咨询。此外，世界知识产权组织还与各国政府、非政府组织和学术界等合作，共同探索非物质文化遗产权属界定的最佳实践和法律模式。除了联合国教科文组织和世界知识产权组织，其他国际组织，如国际劳工组织、联合国开发计划署等也在非物质文化遗产权属界定方面发挥了积极作用。它们通过提供资金支持、技术援助和项目合作等方式，促进了非物质文化遗产权属界定的国际合作与交流，推动了非物质文化遗产的保护和传承。这些国际组织推动的国际合作与交流项目，不仅加强了各国在非物质文化遗产权属界定方面的合作与沟通，而且促进了非物质文化遗产的保护和传承。它们通过分享经验、交流观点和共同研究等方式，为非物质文化遗产权属界定的实践提供了宝贵的参考和借鉴。同时，这些项目还提高了世人对非物质文化遗产的认知度和保护意识，为非物质文化遗产的保护和传承营造了良好的国际环境。

（二）各国权属界定的立法实践

1. 典型国家的立法模式

在全球范围内，各国在非物质文化遗产权属界定方面的立法实践各具特色，其中法国、日本、韩国等国家的立法模式具有代表性，为我们提供了丰富的比较和借鉴素材。

法国作为非物质文化遗产保护领域的先行者，其非物质文化遗产权属界定立法也颇具特色。法国通过《文化遗产法典》等法律法规，明确了非物质文化遗产的定义、保护范围和保护原则。在权属界定方面，法国法律强调非物质文化遗产的公共性质，认为非物质文化遗产是民族文化的重要组成部分，属于全体国民共有。同时，法国法律也尊重非物质文化遗产传承人的权益，为他们提供了一定的法律保障和经济支持。这种立法模式既体现了法国对非物质文化遗产保护的重视，也体现了其对非物质文化遗产传承人权益的尊重。

日本在非物质文化遗产权属界定方面的立法实践也值得关注。日本通过《文化财保护法》等法律法规，将非物质文化遗产纳入文化财的保护范围，明确了非物质文化遗产的保护责任主体和保护措施。在权属界定方面，日本法律注重非物质文化遗产的社区属性和传承性，强调非物质文化遗产所属社区或群体的权益保护。同时，日本法律也鼓励非物质文化遗产的传承和发展，为非物质文化遗产传承人提供了一定的法律支持和经济激励。这种立法模式既保护了非物质文化遗产的纯粹性和原真性，也促进了非物质文化遗产的传承和发展。

韩国在非物质文化遗产权属界定方面的立法实践同样具有借鉴意义。韩国通过《文化财保护法》等法律法规，将非物质文化遗产列为重要的文化财加以保护。在权属界定方面，韩国法律强调非物质文化遗产的文化价值和民族精神，认为非物质文化遗产是韩国民族文化的瑰宝，属于全体国民的共同财富。同时，韩国法律也注重非物质文化遗产传承人的培养和支持，为他们提供了良好的传承环境和发展机会。这种立法模式既体现了韩国对非物质文化遗产保护的坚定决心，也体现了其对非物质文化遗产传承人发展的高度重视。

分析这些典型国家的立法模式后，可以发现它们各自具有的特点和优势。法国立法强调非物质文化遗产的公共性质和传承人权益的保护；日本立法注重非物质文化遗产的社区属性和传承性，鼓励非物质文化遗产的传承和发展；韩国立法强调非物质文化遗产的文化价值和民族精神，重视非物质文化遗产传承人的培养和支持。这些立法模式各有千秋，都为非物质文化遗产的保护和传承提供了有力的法律保障。然而，这些立法模式也面临着一些挑战。例如，如何平衡非物质文化遗产的公共性质与传承人权益的保护；如何确保非物质文化遗产所属社区或群体的权益得到充分尊重；如何促进非物质文化遗产的传承与发展等。这些问题需要各国在实践中不断探索和完善。

2. 立法实践的多样性与趋同性

各国在非物质文化遗产权属界定立法实践上呈现出多样性，这主要体现在权属主体、权属内容等方面的差异上。不同国家根据其历史背景、文化传统和法律体系等因素，制定了符合自身特点的非物质文化遗产权属界定法律法规。例如，有些国家强调非物质文化遗产的公共性质，认为非物质文化遗产属于全体国民共有；而有些国家则注重非物质文化遗产的社区属性或群体属性，认为非物质文化遗产属于特定社区或群体所有。这些差异反映了各国在非物质文化遗产保护理念和立法实践上的多样性。然而，在国际化背景下，各国非物质文化遗产权属界定立法实践也呈现出一定的趋同性趋势。这主要体现在以下三个方面。一是注重社区参与。各国在立法实践中都强调非物质文化遗产所属社区或群体的参与和权益保护，确保他们在非物质文化遗产保护、传承和利用中的主体地位。二是强调文化多样性保护。各国都认识到非物质文化遗产作为文化多样性的重要表现形式，对于维护人类文化多样性和促进文化交流具有重要意义。因此，在立法实践中都注重保护非物质文化遗产的纯粹性和原真性，防止其被商业化或滥用。三是加强国际合作与交流。各国在非物质文化遗产保护方面加强国际合作与交流，共同推动非物质文化遗产的保护和传承事业。这种趋同性趋势体现了各国在非物质文化遗产保护理念和立法实践上的共识和合作。

二、国际非物质文化遗产权属界定的比较分析

（一）权属主体界定的比较

1. 国家与社区的角色定位

在非物质文化遗产权属主体的界定中，国家与社区的角色定位及权力分配是各国立法实践中的核心问题之一。不同国家在此方面的做法存在显

著差异，这些差异直接影响了非物质文化遗产的权属界定和法律保护效果。一些国家（如法国）在非物质文化遗产保护中扮演着主导角色。法国政府通过制定相关法律法规，明确非物质文化遗产的定义、保护范围和保护原则，并设立专门机构负责非物质文化遗产的保护和传承工作。在这种模式下，国家拥有对非物质文化遗产的较大管理权和控制权，社区更多地作为非物质文化遗产的传承者和实践者，参与非物质文化遗产的保护和传承活动。国家与社区之间的权力分配相对明确，国家在法律层面上对非物质文化遗产进行保护和规范，社区在实践层面上负责非物质文化遗产的传承和发展。然而，在其他国家，如日本和韩国，社区在非物质文化遗产权属界定中的角色更为突出。这些国家的法律强调非物质文化遗产的社区属性和传承性，认为非物质文化遗产是社区文化的重要组成部分，属于社区所有。因此，社区在非物质文化遗产的保护和传承中具有较大的自主权和决策权。国家主要通过提供法律支持和经济激励等方式，促进非物质文化遗产的保护和传承。不同国家在国家与社区角色定位上的差异，对非物质文化遗产权属界定和法律保护产生了深远影响。在国家主导模式下，非物质文化遗产的保护和传承工作能够得到较为统一和规范的实施，但也可能存在忽视社区权益和参与度不足的问题。而在社区主导模式下，非物质文化遗产的保护和传承工作能够更加贴近社区实际和文化传统，但也可能面临法律保障不足和资源分配不均等挑战。

2. 个体与集体的权属关系

在非物质文化遗产权属界定中，个体创作者与集体（如族群、社区）之间的关系也是各国立法实践中的重点问题。非物质文化遗产作为文化传统的表现形式，往往是由个体创作者在集体环境中创作和传承的。因此，如何平衡个体创作者与集体之间的权益，成为非物质文化遗产权属界定中的重要议题。一些国家在法律上明确承认个体创作者在非物质文化遗产创作和传承中的贡献，并为其提供一定的法律保护和经济激励。例如，某些国家通过版权法或相关法律法规，保护非物质文化遗产创作者的知识产权和经济利益。同时，这些国家也注重保护集体在非物质文化遗产中的权益，确保非物质文化遗产作为集体文化传统的组成部分得到尊重和传承。然而，在其他一些国家，非物质文化遗产更多地被视为集体的文化财产，个体创作者的权益可能相对较弱。这些国家的法律可能更侧重于保护非物质文化遗产作为集体文化传统的整体性和纯粹性，而对个体创作者的权益保护相对较少。在处理个体与集体权属关系时，不同国家的法律做法和实践经验存在显著差异。一些国家通过制定专门的法律法规或政策文件，明确个体创作者与集体之间的权益分配和责任承担。而其他一些国家则可能通过司法判例或习惯法等方式，对个体与集体之间的权属关系进行规范和调整。

（二）权属内容界定的比较

1. 精神权利与经济权利的平衡

在非物质文化遗产权属内容界定中，如何平衡精神权利与经济权利是一个核心问题。精神权利，如署名权、保护作品完整权，是非物质文化遗产创作者或传承者对其创作或传承的非物质文化遗产所享有的精神层面的权益；经济权利，如使用权、收益权，则是他们通过非物质文化遗产的利用所获得的物质层面的权益。不同国家在处理这一平衡问题时，展现出各自的立法智慧和实践经验。一些国家（如法国）在非物质文化遗产权属内容界定中，十分注重保护创作者或传承者的精神权利。法国法律明确规定，非物质文化遗产作品享有署名权和保护作品完整权，任何未经许可的修改、歪曲或删节都是对创作者或传承者精神权利的侵犯。同时，法国法律也承认非物质文化遗产的经济权利，允许创作者或传承者通过非物质文化遗产的利用获得合理的经济回报。这种立法模式在保护创作者或传承者精神权利的同时，促进了非物质文化遗产的经济价值开发。然而，在其他一些国家，如某些发展中国家，非物质文化遗产的经济权利可能得到更多的强调。这些国家认为，非物质文化遗产作为民族文化的重要组成部分，其经济价值开发对于促进民族文化传承和发展具有重要意义。因此，这些国家的法律可能更加倾向于保护非物质文化遗产的使用权和收益权，鼓励非物质文化遗产的商业化利用和产业发展。在平衡精神权利与经济权利过程中，各国法律通常通过设定一系列具体的制度和规则来实现。例如，一些国家通过版权法或相关法律法规，明确非物质文化遗产作品的署名权、保护作品完整权等精神权利，并规定相应的法律责任和救济措施。同时，这些国家也通过专利法、商标法等法律法规，保护非物质文化遗产的相关经济权利，如使用权、收益权等。

平衡精神权利与经济权利对非物质文化遗产权属界定和法律保护具有重要意义。一方面，保护精神权利可以维护创作者或传承者的尊严和利益，激发他们的创作热情和传承动力；另一方面，保护经济权利可以促进非物质文化遗产的经济价值开发，为民族文化传承和发展提供物质保障。因此，各国在非物质文化遗产权属内容界定中，应充分考虑精神权利与经济权利的平衡问题，制定符合自身特点的法律保护制度。

2. 传统知识与现代知识产权的融合

在非物质文化遗产权属界定中，传统知识与现代知识产权制度的融合是一个重要议题。传统知识是非物质文化遗产的重要组成部分，它体现了民族文化的独特性和多样性；而现代知识产权制度是保护创新成果和促进科技发展的重要法律手段。如何将传统知识与现代知识产权制度相结合，成为非物质文化遗产权属界定中的一个难题。一些国家在处理传统知识与现代知识产权关系时，进行了法律创新和实践探索。例如，一些国家通过制定专门的法律法规或政策文件，明确传统知识的法律地位和保护范围。这些法律法规或政策文件通常规定，传统知识享有与现代知识产权相似的权益，如使用权、收益权、保护作品完整权等。同时，这些国家还建立了传统知识登记制度、传统知识数据库等，为传统知识的保护和管理提供了有力支持。然而，在其他一些国家，传统知识与现代知识产权的融合可能面临更多的挑战。这些国家可能认为，传统知识具有独特的性质和特点，无法完全纳入现代知识产权制度的保护范围。因此，这些国家可能采取其他方式（如通过习惯法、社区规约等非物质文化遗产保护机制）来维护传统知识的权益。在处理传统知识与现代知识产权关系时，各国法律通常需要考虑多个因素。首先，需要尊重传统知识的独特性和多样性，确保传统知识得到充分的保护和尊重。其次，需要考虑现代知识产权制度的适用性和可行性，确保传统知识能够纳入现代知识产权制度的保护范围并得到有效实施。最后，需要考虑国际法和国内法的协调与衔接，确保传统知识的国际保护与国内保护相一致。

三、国际非物质文化遗产权属界定的借鉴与启示

（一）国际经验的借鉴

1. 立法模式的借鉴

在国际上，非物质文化遗产权属界定的立法模式各具特色，为各国提供了宝贵的经验。总结这些典型国家的成功经验，对我国立法具有重要的借鉴意义。一些国家（如法国、日本等）通过专门的非物质文化遗产保护法或相关法律条款，明确规定了非物质文化遗产权属界定的基本原则和具体规则。这些立法模式注重保护非物质文化遗产的创作者、传承者以及相关社区的精神权利和经济权利，为非物质文化遗产的保护和传承提供了有力的法律保障。例如，法国在《文化遗产法典》中，对非物质文化遗产的定义、保护范围、权属界定等进行了详细规定，为非物质文化遗产的法律保护提供了明确的法律依据。另一些国家通过版权法、专利法、商标法等现有知识产权法律制度，将非物质文化遗产纳入其保护范围。这些国家通过扩大现有知识产权法律制度的适用范围，为非物质文化遗产的权属界定提供了法律基础。例如，一些国家通过版权法保护非物质文化遗产的表演者权、录音录像制作者权等，通过专利法保护非物质文化遗产中的传统知识和技术创新，通过商标法保护非物质文化遗产的相关标识和品牌。对于我国而言，借鉴国际立法模式，完善我国非物质文化遗产权属界定法律制度，首先，应明确非物质文化遗产的法律地位和保护范围。通过立法明确非物质文化遗产的定义、分类、保护原则等，为非物质文化遗产的法律保护提供基础。其次，应平衡非物质文化遗产创作者、传承者以及相关社区的精神权利和经济权利。在立法中明确规定非物质文化遗产的权属界定原则，如署名权、保护作品完整权、使用权、收益权等，确保各方权益得到充分保护。最后，应结合我国国情，制定符合我国实际的非物质文化遗产权属界定法律制度。在借鉴国际立法模式时，应充分考虑我国的文化传统、社会制度、法律体系等因素，确保立法模式的可行性和有效性。

2. 法律实践的借鉴

在国际非物质文化遗产权属界定的法律实践中，一些国家的创新做法和成功案例值得我们借鉴和学习。例如，一些国家通过建立非物质文化遗产登记制度、非物质文化遗产数据库等，为非物质文化遗产的权属界定提供了有力的技术支持。这些制度不仅有助于确认非物质文化遗产的创作者、传承者以及相关社区，而且为非物质文化遗产的保护和传承提供了便捷的信息查询和共享平台。另一些国家通过司法判例，明确了非物质文化遗产权属界定的具体规则和原则。这些判例既为非物质文化遗产权属纠纷的解决提供了法律依据，也为非物质文化遗产的法律保护提供了实践指导。对于我国法律实践而言，这些国际创新做法和成功案例具有重要的启示和借鉴价值。一方面，我国可以建立非物质文化遗产登记制度和数据库，为非物质文化遗产的权属界定提供技术支持。通过登记制度和数据库，可以确认非物质文化遗产的创作者、传承者以及相关社区，为非物质文化遗产的保护和传承提供基础信息。同时，可以利用数据库进行非物质文化遗产信息的查询和共享，促进非物质文化遗产的传播和利用。另一方面，我国可以借鉴国际司法判例，明确非物质文化遗产权属界定的具体规则和原则。在审理非物质文化遗产权属纠纷案件时，可以参考国际司法判例，结合我国实际情况，制定符合我国法律体系的裁判标准和原则。这有助于统一司法裁判标准，提高司法效率和公正性。

（二）国际合作与交流的加强

在非物质文化遗产权属界定和法律保护领域，国际合作与交流显得尤为重要。随着全球化的深入发展，各国间的文化交流日益频繁，非物质文化遗产作为民族文化的重要组成部分，其保护和传承已成为国际社会的共同责任。因此，加强国际合作与交流，对于提升我国非物质文化遗产权属界定和法律保护水平具有重要意义。

1. 国际合作项目的参与

参与国际非物质文化遗产保护合作项目，是我国学习借鉴国际先进经验和技术、提升非物质文化遗产权属界定和法律保护水平的重要途径。近年来，国际社会推出了多项非物质文化遗产保护合作项目，旨在通过跨国合作，共同推动非物质文化遗产的保护和传承。这些项目通常涉及非物质文化遗产的调查、记录、研究、传播等多个方面，为参与国提供了宝贵的经验和技术支持。我国应积极参与这些国际合作项目，充分利用国际资源，提升我国非物质文化遗产权属界定和法律保护的能力。通过参与项目，可以深入了解国际非物质文化遗产保护的最新理念和技术，学习其他国家在非物质文化遗产权属界定和法律保护方面的成功经验，为我国的非物质文化遗产保护工作提供有益的参考。同时，我们还可以与国际专家开展合作研究，共同探讨非物质文化遗产权属界定和法律保护中的难题，推动非物质文化遗产保护理论的创新和发展。此外，参与国际合作项目还有助于提升我国在国际非物质文化遗产保护领域的影响力和话语权。通过积极参与项目，我们可以展示我国在非物质文化遗产保护方面的成果和经验，增强国际社会对我国的认可和信任。这有助于我国在国际非物质文化遗产保护事务中发挥更加积极的作用，推动国际非物质文化遗产保护合作向更深层次、更宽领域发展。

2. 国际交流机制的建立

为了加强国际在非物质文化遗产权属界定和法律保护方面的交流与合作，倡导建立国际非物质文化遗产权属界定和法律保护的交流机制。这一机制可以通过定期举办国际研讨会、培训班等活动，为各国提供交流经验、分享成果的平台。首先，国际研讨会可以邀请国际非物质文化遗产保护领域的专家学者、政府官员、非政府组织代表等参加，就非物质文化遗产权属界定和法律保护中的热点问题进行深入探讨。通过研讨会的交流，可以了解国际非物质文化遗产保护的最新动态和趋势，学习其他国家在非物质文化遗产权属界定和法律保护方面的先进做法和经验。同时，我们还可以与国际同行开展学术交流，共同探讨非物质文化遗产保护的理论和实践问题，推动非物质文化遗产保护学科的发展。其次，培训班是针对非物质文化遗产保护工作人员和相关专业人员设计的培训活动。通过培训班，我们可以系统地学习非物质文化遗产权属界定和法律保护的理论知识和实践技能，提升我国非物质文化遗产保护工作的专业化和规范化水平。同时，培训班还可以为国际同行提供相互学习的机会，促进国际在非物质文化遗产保护领域的合作与交流。

第四章　非物质文化遗产的
传承与传播法律保护

第一节　传承机制的法律保障措施

一、传承主体权益的法律保护

（一）传承人的法律地位与权益保障

1. 传承人的界定与认定标准

非物质文化遗产传承人，是指在特定领域内，掌握并承载着非物质文化遗产核心技艺、知识或传统，具有传承能力和意愿，并在相关社区或群体中享有较高威望的个人。传承人是非物质文化遗产的重要载体和活态表现，他们的存在和传承活动对于保持非物质文化遗产的真实性、完整性和传承性至关重要。认定传承人的具体标准和程序通常包括以下三个方面。首先，传承人必须熟练掌握并能够准确表达非物质文化遗产的核心技艺、知识或传统；其次，传承人应在相关社区或群体中具有较高的认同度和影响力，能够代表该非物质文化遗产的传承脉络和文化特色；最后，传承人应具备传承意愿和能力，愿意将所学所知传授给后人，并积极参与非物质文化遗产的保护和传承活动。传承人认定对于非物质文化遗产保护的重要性不言而喻。一方面，通过认定传承人，可以明确其在非物质文化遗产传承中的法律地位和责任，为其提供必要的法律保障和支持；另一方面，传承人认定是非物质文化遗产保护和管理的重要基础，有助于建立和完善非物质文化遗产的传承体系，推动非物质文化遗产的可持续传承和发展。

2. 传承人的权益内容与法律保护

传承人作为非物质文化遗产的重要载体和传承者，应享有包括知识产权、名誉权、传承权在内的多项权益。知识产权是传承人权益的重要组成部分。传承人对其所掌握的非物质文化遗产核心技艺、知识或传统享有知识产权，包括著作权、商标权、专利权等。这些知识产权的保护对于防止非物质文化遗产被滥用、盗用或过度商业化具有重要意义。名誉权是传承人作为个体应享有的基本权益。传承人的名誉和声誉是其长期传承活动和非物质文化遗产价值的体现。法律保护传承人的名誉权，可以防止其名誉被诋毁、损害或滥用。传承权是传承人作为非物质文化遗产传承者所特有的权益。传承人有权将其所掌握的非物质文化遗产核心技艺、知识或传统传授给后人，并确保其传承活动的连续性和完整性。法律保护传承人的传承权，可以为其传承活动提供必要的法律支持和保障。为了有效地保护传承人的这些权益，法律手段是必不可少的。一方面，应建立和完善相关法律法规，明确传承人的法律地位和权益内容，为其提供有力的法律保障；另一方面，应加强对传承人权益的执法和监督力度，严厉打击侵权行为，维护传承人的合法权益。

（二）传承群体的法律支持与保护

1. 传承群体的界定与特点

传承群体是指由多个传承人组成的、共同承载和传承非物质文化遗产的群体。在非物质文化遗产传承中，传承群体发挥着重要作用，他们通过集体传承、互相学习、共同创新等方式，保持和发扬非物质文化遗产的独特魅力和价值。传承群体的特点主要体现在具有多样性和包容性，他们来自不同的社会阶层、年龄阶段和文化背景，共同构成了非物质文化遗产传承的多元格局；具有传承性和创新性，他们在传承非物质文化遗产的同时，不断地进行创新和发展，使非物质文化遗产保持活力和时代感；具有社会性和文化性，他们的传承活动不仅是个人的行为，更是社会和文化的一种表现和传播方式。强调传承群体保护对于维护非物质文化遗产多样性和完整性至关重要。传承群体是非物质文化遗产的重要载体和传承者，他们的存在和传承活动对于保持非物质文化遗产的多样性和完整性具有重要意义。因此，应加强对传承群体的保护和支持，确保其传承活动的连续性和稳定性。

2. 传承群体的法律支持措施

为了促进传承群体的发展和壮大，进而推动非物质文化遗产的传承，应采取一系列法律支持措施。法律咨询可以帮助传承群体了解相关法律法规和政策规定，明确其法律地位和权益内容，为其传承活动提供必要的法律指导和支持。当传承群体的权益受到侵害时，法律援助可以为其提供必要的法律救助和支持，帮助其维护合法权益。同时，法律援助还可以加强对传承群体权益的执法和监督力度，严厉打击侵权行为，维护传承群体的合法权益。此外，还可以通过建立传承群体保护基金、提供传承场所和设施、加强传承群体培训和交流等方式，为传承群体提供全面的法律支持和保护。这些措施的实施将有助于促进传承群体的发展和壮大，进而推动非物质文化遗产的传承和发展。

二、传承活动的法律规范与促进

（一）传承活动的法律界定与规范

1. 传承活动的定义与范围

传承活动是指为了保持和发扬非物质文化遗产的独特魅力和价值，由传承人或传承群体所进行的一系列教学、表演、展示等活动。这些活动不仅涵盖了非物质文化遗产的核心技艺、知识或传统的传授，而且包括了非物质文化遗产在公众中的传播和普及。教学传承是非物质文化遗产传承活动的重要组成部分，它通过师徒传承、家族传承、社区传承等多种方式，将非物质文化遗产的核心技艺、知识或传统传授给后人。表演和展示是非物质文化遗产在公众中传播和普及的重要手段，它们通过舞台表演、展览展示等形式，让公众近距离地感受和了解非物质文化遗产的独特魅力。传承活动对于非物质文化遗产的传承和传播具有重要意义。一方面，传承活动可以确保非物质文化遗产的核心技艺、知识或传统得到准确和完整的传授，防止其在传承过程中发生失真或遗失；另一方面，传承活动可以增强公众对非物质文化遗产的认知和了解，提高其保护意识和参与度，从而推动非物质文化遗产的广泛传播和深入发展。

2. 传承活动的法律规范要求

为了确保传承活动的健康有序进行，必须遵守一定的法律规范。传承活动应尊重原创，保护非物质文化遗产的原创性和独特性。传承人或传承群体在进行传承活动时，应尊重原创者的劳动成果和知识产权，不得擅自篡改或歪曲非物质文化遗产的核心技艺、知识或传统。传承活动应保护知识产权。非物质文化遗产中蕴含着丰富的知识产权，如著作权、商标权、专利权等。传承人或传承群体在进行传承活动时，应依法保护这些知识产权，防止其被侵权或滥用。为了规范传承活动，法律手段是必不可少的。一方面，应建立和完善相关法律法规，明确传承活动的法律界定和规范要求，为传承活动提供有力的法律保障；另一方面，应加强对传承活动的执法和监督力度，严厉打击违法行为，维护传承活动的秩序和公共利益。

（二）传承活动的法律促进措施

1. 政府支持与激励政策

政府在传承活动中扮演着重要角色，其支持和激励政策对激发传承人的积极性、推动非物质文化遗产的传承和发展具有重要意义。政府可以通过资金扶持政策，为传承活动提供必要的经费支持。例如，设立非物质文化遗产保护专项资金，用于资助传承人的传承活动、修复和保护非物质文化遗产相关设施等。此外，政府还可以通过税收优惠政策，鼓励企业和个人参与非物质文化遗产的保护和传承工作。这些政策的实施可以有效地激发传承人的积极性，让他们更加专注于非物质文化遗产的传承和发展。同时，这些政策也可以吸引更多的社会力量参与到非物质文化遗产的保护和传承中，形成全社会共同关注和支持非物质文化遗产保护的良好氛围。

2. 社会参与及合作机制

社会参与是非物质文化遗产传承活动不可或缺的一部分。为了促进传承活动的广泛开展和增强非物质文化遗产的社会影响力，应建立社会合作机制。社会合作机制可以包括政府、企业、社会组织、传承人等多个方面的参与。政府可以发挥引导作用，制定相关的政策和规划，为传承活动提供法律和政策支持；企业可以发挥资金和技术优势，为传承活动提供经费和技术支持；社会组织可以发挥桥梁和纽带作用，连接政府、企业和传承人，推动各方力量的合作与交流；传承人是传承活动的主体，他们应积极参与传承活动，将非物质文化遗产的核心技艺、知识或传统传授给后人。通过建立社会合作机制，可以实现各方力量的优势互补和资源共享，推动传承活动的广泛开展和深入发展。同时，社会合作机制也可以增强非物质文化遗产的社会影响力，让更多的人了解和关注非物质文化遗产的保护和传承工作。

三、传承环境的法律营造与优化

（一）传承环境的法律营造

1. 法律法规的完善与配套

为了营造有利于非物质文化遗产传承的环境，必须完善相关法律法规，确保传承活动有法可依。首先，应针对非物质文化遗产的特性和传承需求，制定专门的法律法规，明确传承人的法律地位、权益保障以及传承活动的规范和要求。其次，应加强与非物质文化遗产相关的知识产权、文化遗产保护等方面的法律法规建设，形成完整的法律体系。配套法律法规的制定对于营造良好的传承环境至关重要。非物质文化遗产的传承涉及多个领域和方面，需要相关法律法规的配套支持。例如，在传承人权益保障方面，需要制定相关法规明确传承人的知识产权、名誉权等权益，并规定相应的保护措施；在传承活动规范方面，需要制定相关法规明确传承活动的范围、方式和要求，确保传承活动的健康有序进行。通过完善配套法律法规，可以为非物质文化遗产的传承提供全面的法律保障，营造良好的传承环境。

2. 法律意识的普及与提高

提高公众对非物质文化遗产法律保护的意识是营造良好传承环境的重要一环。非物质文化遗产的传承者和享有者的法律意识和保护意识直接影响到非物质文化遗产的保护和传承效果。因此，应通过法律宣传、教育等方式普及法律知识，提高公众对非物质文化遗产法律保护的认识和重视程度。可以通过举办法律知识讲座、展览、宣传活动等形式，向公众普及非物质文化遗产法律保护的相关知识和内容。同时，可以将非物质文化遗产法律保护纳入学校教育体系，让学生在学习过程中了解和掌握相关法律知识，培养他们的法律意识和保护意识。通过普及法律知识，可以营造良好的法治氛围，为非物质文化遗产的传承提供有力的社会支持。

（二）传承环境的法律优化

1. 法律保护的力度与效果评估

为了优化传承环境、提高保护效果，需要对非物质文化遗产法律保护的力度和效果进行评估。评估的方法和指标可以包括法律法规的完善程度、执法力度、司法保障水平、公众法律意识等方面。通过定期评估，可以及时了解非物质文化遗产法律保护的实际情况和存在的问题，为优化传承环境提供科学依据。评估结果对于优化传承环境、提高保护效果具有重要的指导作用。根据评估结果，可以针对存在的问题和不足，制定相应的改进措施和计划。例如，如果评估结果显示法律法规完善程度不够，那么可以加快立法进程，完善相关法律法规；如果评估结果显示执法力度不足，那么可以加强执法队伍建设，提高执法效率和水平；如果评估结果显示公众法律意识较低，那么可以加强法律宣传和教育力度，提高公众的法律意识和保护意识。

2. 法律政策的调整与完善

非物质文化遗产的传承和发展是一个动态的过程，需要不断地适应新的情况和问题。因此，法律政策也应具有灵活性和适应性，根据评估结果和实际情况进行调整和完善。具体来说，可以根据非物质文化遗产的传承需求和发展趋势，调整相关法律法规和政策措施的内容和方向；可以根据执法和司法实践中出现的问题和挑战，完善相关法律法规和政策措施的实施机制和保障措施。通过调整和完善法律政策，可以更好地适应非物质文化遗产传承和发展的新情况、新问题，为非物质文化遗产的传承提供更有力的法律保障和支持。同时，可以促进非物质文化遗产的传承与创新相结合，推动非物质文化遗产在当代社会的传承和发展。

第二节　传播方式的法律规制与促进

一、传播方式的法律界定与分类

（一）传播方式的法律界定

1. 传播方式的定义与范围

非物质文化遗产的传播方式，是指非物质文化遗产得以传递、扩散和共享的各种手段和途径。这些方式涵盖了口头传统、表演艺术、民俗活动等多种形式，是非物质文化遗产保护与传承中不可或缺的重要环节。在法律层面上，传播方式的定义应明确其涵盖的范围，确保非物质文化遗产的各种传播形式都能得到法律的保护和规范。传播方式在非物质文化遗产保护与传承中起着至关重要的作用。一方面，通过传播，非物质文化遗产得以在更广泛的范围内被认知和了解，从而增强了其社会影响力和认同感；另一方面，传播是非物质文化遗产得以延续和发展的重要途径，它使得非物质文化遗产的核心元素和独特价值在新时代背景下得到传承和创新。

2. 传播方式与相关权利的关系

传播方式与著作权、商标权、专利权等知识产权之间存在着密切的联系。在非物质文化遗产传播过程中，往往会涉及表演者权、广播组织权等知识产权问题。例如，表演者在表演非物质文化遗产时，享有表演者权，包括对其表演的形象、声音等享有独占性的使用权；广播组织在广播非物质文化遗产时，享有广播组织权，包括对其广播的信号享有独占性的传播权。同时，传播方式中也涉及知识产权保护的一系列问题。如何平衡非物质文化遗产的传播与知识产权保护之间的关系，确保传播过程中不侵犯相关权利人的合法权益，是非物质文化遗产法律保护中需要重点关注的问题。为此，法律应明确规定非物质文化遗产传播中的知识产权归属、使用许可、权益分配等制度，为非物质文化遗产的传播提供有力的法律保障。

（二）传播方式的分类与特点

1. 传统传播方式与新兴传播方式的划分

非物质文化遗产的传播方式可以划分为传统传播方式和新兴传播方式两大类。传统传播方式主要包括口耳相传、师徒传承等，这些方式在非物质文化遗产的长期传承中发挥了重要作用。它们的特点在于传承的直接性和亲密性，能够确保非物质文化遗产的核心元素和独特价值得到准确传递。然而，传统传播方式也存在局限性，如传播范围有限、传播效率较低等。新兴传播方式主要包括数字媒体、网络平台等，这些方式在信息技术高速发展的时代背景下应运而生，为非物质文化遗产的传播提供了新的途径和可能。新兴传播方式的特点在于传播的广泛性和高效性，能够使非物质文化遗产在短时间内迅速传播到全球各地。同时，新兴传播方式还具有互动性和参与性，能够激发公众对非物质文化遗产的兴趣和热情，促进其传承和发展。

2. 不同传播方式的法律适用差异

不同传播方式在法律适用上存在差异。传统传播方式可能更侧重习惯法、民俗法的保护。习惯法和民俗法作为非物质文化遗产传承中的重要法律渊源，在规范传统传播方式、保护传承人权益等方面发挥着重要作用。例如，在一些地区，通过习惯法或民俗法规定了非物质文化遗产传承的规则和仪式，确保了其传承的有序进行。而新兴传播方式则更多涉及网络法、电子商务法的规制。随着信息技术的不断发展，网络法和电子商务法在非物质文化遗产传播中的法律地位日益凸显。网络法规定了网络空间中的行为规范，在防止非物质文化遗产在网络传播中被侵权、滥用等方面具有重要意义。电子商务法规范了电子商务活动中的交易行为，为非物质文化遗产的在线交易提供了法律保障。因此，在针对不同传播方式进行法律规制时，应充分考虑其特点和法律适用差异，确保非物质文化遗产的传播得到全面、有效的法律保护。

二、传播方式的法律规制措施

（一）传播内容的法律审查与监管

1. 传播内容的合法性审查

非物质文化遗产的传播内容，作为文化传承的重要载体，其合法性审查显得尤为重要。这是因为，传播内容不仅关乎文化遗产的真实性和完整性，而且直接影响社会公共利益和个体权益的保护。因此，提出对非物质文化遗产传播内容进行合法性审查是必要的。审查标准应涵盖多个方面，包括但不限于内容的真实性、准确性、完整性，以及是否侵犯他人的知识产权、肖像权、隐私权等合法权益。同时，审查还应确保内容不违背公序良俗，不传播淫秽、暴力、邪教等不良信息。在审查程序方面，应建立科学、高效的审查机制。这可以包括初审、复审和终审等多个环节，确保审查结果的准确性和公正性。在责任主体方面，应明确传播者、平台提供者以及相关监管部门的法律责任，确保各方在传播过程中严格遵守法律法规，共同维护非物质文化遗产的传播秩序。

2. 传播过程的监管机制

为了确保非物质文化遗产传播过程的合法性和规范性，应建立全面的监管机制。这一机制应涵盖事前审查、事中监控和事后追责等多个环节。事前审查是预防非法内容传播的第一道防线。通过设立专门的审查机构或委托第三方机构进行审查，可以在内容发布前及时发现并纠正潜在的法律问题。事中监控是确保传播过程持续合规的关键。这可以通过技术手段实现，如利用大数据、人工智能等技术对传播内容进行实时监测和分析，及时发现并处理违法违规行为。事后追责是对违法传播行为的最终制裁。对于违反法律法规的传播行为，应依法追究相关责任人的法律责任，包括民事责任、行政责任和刑事责任等。同时，应建立"黑名单"制度，对严重违法违规的传播者和平台提供者进行限制或禁止其从事相关活动。

（二）传播行为的法律规范与约束

1. 传播行为的法律界定

非物质文化遗产的传播行为，作为文化传承的重要手段，其法律界定对于规范传播秩序、保护各方权益具有重要意义。传播行为的主体应包括传播者、平台提供者和受众等多个方面。传播者是指直接进行非物质文化遗产传播的个人或组织；平台提供者是指提供传播渠道或平台的企业或机构；受众是指接受并传播非物质文化遗产的公众。传播行为的客体是指非物质文化遗产本身，包括其表现形式、传承方式、文化内涵等多个方面。行为方式涵盖了口头传播、书面传播、网络传播等多种形式。在传播过程中，可能涉及的法律问题包括侵权、违约、不正当竞争等。例如，未经权利人许可擅自传播非物质文化遗产可能构成侵权，违反合同约定进行传播可能构成违约，利用非物质文化遗产进行不正当竞争可能损害其他经营者的合法权益。

2. 传播行为的法律规范体系

为了规范非物质文化遗产的传播行为，应构建完善的法律规范体系。这一体系应包括法律法规、部门规章、行业标准等多个层次。在法律法规方面，应制定专门的非物质文化遗产保护法或相关条例，明确传播行为的法律地位、权利义务和法律责任等。在部门规章方面，各相关部门应根据自身职责制定具体的管理办法或实施细则，确保法律法规的有效实施。在行业标准方面，应制定非物质文化遗产传播的行业标准或规范，对传播内容、方式、质量等方面进行统一的规定和要求。在完善法律规范体系过程中，应注重与国际接轨和借鉴先进经验。同时，应加强法律法规的宣传普及和执法力度，确保法律规范体系的有效实施和落地见效。通过构建完善的法律规范体系，可以为非物质文化遗产的传播提供有力的法律保障和支持。

三、传播方式的法律促进措施

（一）传播平台的法律支持与激励

非物质文化遗产传播平台，如网络平台、文化机构等，是连接传承者与受众的重要桥梁。明确这些平台的法律地位，是确保其能够合法、有序运营的前提。在法律上，传播平台应被视为独立的法律主体，享有相应的权利并承担相应的义务。在非物质文化遗产保护中，传播平台承担着重要的责任与义务。一方面，平台应对发布的内容进行审核，确保内容的合法性和真实性，避免传播虚假、违法或侵犯他人权益的信息。另一方面，平台应积极履行版权保护责任，尊重并维护非物质文化遗产权利人的合法权益，防止版权侵权行为的发生。为了促进非物质文化遗产传播平台的发展，政府应给予其必要的法律支持与激励政策。这些政策可以包括税收优惠、资金扶持、项目支持等多种形式。在税收优惠方面，政府可以对符合条件的非物质文化遗产传播平台给予税收减免或优惠，降低其运营成本，提高其盈利能力。在资金扶持方面，政府可以设立专项基金或提供贷款贴息等金融支持，帮助平台解决资金难题，推动其创新发展。在项目支持方面，政府可以鼓励和支持平台参与非物质文化遗产保护相关项目，为其提供项目申报、审批和实施等方面的便利和支持。这些法律支持与激励政策不仅有助于传播平台的发展壮大，而且能激发其参与非物质文化遗产保护的积极性和主动性，进而推动非物质文化遗产的广泛传播和深入保护。

（二）传播技术的法律创新与应用

随着科技的不断发展，非物质文化遗产传播技术也在不断创新。数字化、虚拟化、智能化等新技术的应用，为非物质文化遗产的保护和传播提供了新的可能。数字化技术可以将非物质文化遗产转化为数字形式，便于存储、传输和共享。虚拟化技术可以创建虚拟的非物质文化遗产展示空间，使受众能够身临其境地感受非物质文化遗产的魅力。智能化技术可以利用人工智能算法对非物质文化遗产进行分析和处理，提高传播效率和效果。然而，传播技术的创新也可能带来一些法律问题。例如，数字化过程中可能涉及版权问题，虚拟化过程中可能涉及隐私权问题，智能化过程中可能涉及数据安全问题等。因此，在推动传播技术创新的同时，需要加强法律规制和风险防范。为了将传播技术应用于非物质文化遗产的保护与传播中，提高传播效率和效果，需要采取一系列的法律措施和政策建议。首先，应制定相关技术标准，确保传播技术的规范化和标准化。这些标准可以包括数字化格式标准、虚拟化展示标准、智能化算法标准等，以确保不同平台和技术之间的兼容性和互操作性。其次，应提供技术培训和支持，帮助传承者和传播平台掌握和应用新技术。政府可以组织相关培训机构或专家团队，为传承者和传播平台提供定制化的培训服务，提高其技术水平和应用能力。最后，还可以通过立法鼓励和支持传播技术的应用和推广。例如，可以制定相关法律法规，明确传播技术在非物质文化遗产保护中的地位和作用，为传播技术的应用提供法律保障和支持。同时，还可以设立相关奖项或荣誉，表彰在传播技术应用方面做出突出贡献的个人或组织，激发社会各界的参与热情和积极性。

第三节　传承人权益的法律保护

一、传承人权益的法律界定与确认

（一）传承人权益的法律内涵

1. 传承人权益的定义

非物质文化遗产传承人权益，是指传承人在非物质文化遗产传承、保护、利用等过程中享有的法律上的权利和利益。这些权益不仅体现了传承人作为文化传承者的特殊地位，而且是对其在非物质文化遗产传承中所做贡献的认可和保障。传承人权益的内容丰富多样，包括但不限于知识产权、名誉权、传承权等方面。在知识产权方面，传承人对其所传承的非物质文化遗产享有的知识成果，如传统技艺、民俗知识、表演艺术等，享有相应的著作权、专利权或商业秘密权等。在名誉权方面，传承人的名誉和声誉作为其个人价值和社会评价的重要体现，应受到法律的保护，防止被恶意诋毁或损害。在传承权方面，传承人享有将其所掌握的非物质文化遗产传授给后人的权利，这是非物质文化遗产得以延续和发展的基础。

2. 传承人权益的法律特征

传承人权益具有一系列独特的法律特征，这些特征对法律保护机制的构建产生了重要影响。非物质文化遗产的传承人往往是通过长期的学习和实践，掌握了特定的技艺或知识，这些技艺或知识与传承人的个人身份和经历紧密相连，具有不可替代性。因此，传承人权益只能由特定的传承人享有，不能随意转让或继承。由于非物质文化遗产的特殊性和传承人的专属性，传承人权益不能像一般财产权那样自由转让或交易。这种不可转让性确保了非物质文化遗产的真实性和完整性，防止了其被商业化或滥用。传承人权益的存在和行使，都是为了保护和传承非物质文化遗产。因此，传承人权益的法律保护必须与非物质文化遗产的保护相结合，确保两者在法律上的相互支持和促进。

（二）传承人权益的法律确认程序

1. 传承人身份认定

传承人身份的认定是保护传承人权益的前提和基础。为了确保认定的公正性和准确性，应建立一套科学、规范的认定程序。首先，申请人应提交相关的证明材料，如技艺传承谱系、技艺展示视频、社会认可度证明等，以证明其作为传承人的资格和条件。其次，相关部门或机构应对申请人提交的材料进行审核，通过实地考察、专家评审等方式，对申请人的技艺水平、传承经历、社会影响等方面进行全面评估。再次，审核通过后，应将拟认定的传承人名单进行公示，接受社会公众的监督和反馈。公示期间，如有异议或举报，应及时进行调查和处理。最后，经过公示无异议或异议处理完毕后，由相关部门或机构正式认定传承人的身份，并颁发相应的证书或证明。

2. 传承人权益登记与备案

对传承人权益进行登记与备案，是法律确认传承人权益的重要方式。

通过登记与备案，可以将传承人的权益以法律形式固定下来，为其提供有力的法律保障。登记与备案的具体程序如下。首先，传承人应向相关部门或机构提交登记申请，并提供相关的证明材料和权益说明；其次，相关部门或机构应对提交的材料进行审查，确认其真实性与合法性；再次，审查通过后，应将传承人的权益信息录入登记系统，并颁发相应的登记证书或证明；最后，相关部门或机构应定期对登记信息进行更新和维护，确保登记信息的准确性和时效性。

二、传承人权益的法律保护措施

（一）知识产权的法律保护

1. 著作权的保护

非物质文化遗产中蕴含着丰富的作品元素，如传统音乐、舞蹈、戏剧、曲艺、美术等，这些作品往往具有独特的艺术价值和文化内涵。著作权法作为保护作品创作者权益的重要法律制度，对于非物质文化遗产中的作品同样适用。在著作权归属方面，非物质文化遗产中的作品往往由传承人创作或传承而来，因此，传承人在符合著作权法规定的条件下，应被视为作品的作者或享有相关权利的主体。著作权的行使涉及作品的使用、复制、发行、表演、放映、广播、汇编、通过信息网络向公众提供等权利。传承人可以依法行使这些权利，并获取相应的经济报酬。同时，著作权法也规定了著作权的限制，如合理使用、法定许可等情形。在非物质文化遗产保护中，应充分考虑这些限制条件，确保传承人的权益与社会公众的利益相平衡。当传承人的著作权受到侵害时，他们可以依法追究侵权人的法律责任。侵权人应承担停止侵害、消除影响、赔礼道歉、赔偿损失等法律责任。这有助于维护传承人的合法权益，促进非物质文化遗产的传承与发展。

2. 商标权的保护

商标权是保护商品或服务来源标识的重要法律制度。在非物质文化遗产中，许多传统手工艺、特色食品、民俗表演等都具有独特的标识和品牌形象，这些标识和形象可以通过注册商标来得到法律保护。注册商标可以确保传承人对特定标识的独占使用权，防止他人未经许可使用相同或相似的标识，导致消费者混淆、误导或淡化传承人的品牌形象。同时，地理标志作为一种特殊的商标形式，也可以用于保护具有地域特色的非物质文化遗产。当传承人的商标权受到侵害时，他们可以依法向有关部门投诉或提起诉讼，要求侵权人停止侵害、赔偿损失等。这有助于维护传承人的商标权益，促进非物质文化遗产的品牌化和市场化发展。

3. 专利权的保护

专利权是保护发明创造的重要法律制度。在非物质文化遗产中，一些传统技艺、工艺方法、产品设计等可能涉及专利技术。这些专利技术对于传承人的技艺传承和创新发展具有重要意义。专利权的授予条件包括新颖性、创造性和实用性等。当传承人的发明创造符合这些条件时，他们可以向国家知识产权局申请专利，并获得专利权的保护。专利权的保护范围涉及专利权的内容、期限和地域等方面。在保护范围内，传承人享有对发明创造的独占使用权，并可以依法许可他人使用或转让专利权。当传承人的专利权受到侵害时，他们可以依法向有关部门投诉或提起诉讼，要求侵权人停止侵害、赔偿损失等。同时，传承人还可以采取一些技术措施和管理措施来防止专利权受到侵害，如加强技术保密、完善专利管理制度等。

（二）名誉权与传承权的法律保护

1. 名誉权的保护

名誉权是公民享有的一项重要人格权，它涉及个人的姓名、肖像、名誉等不受侵犯的权利。对于非物质文化遗产的传承人来说，他们的名誉权同样重要。传承人的姓名、肖像和名誉既是他们个人身份和价值的体现，也是他们在社会中获得认可和尊重的基础。当传承人的名誉权受到侵害时，如被诽谤、诋毁或恶意中伤等，他们可以依法向有关部门投诉或提起诉讼，要求侵权人停止侵害、赔礼道歉、赔偿损失等。这有助于维护传承人的名誉权益，促进他们的身心健康和职业发展。

2. 传承权的保护

传承权是传承人享有的一项特殊权利，它涉及传承人传承非物质文化遗产的权利和义务。传承人有权将其所掌握的非物质文化遗产传授给后人，并确保其真实性和完整性得到传承和发展。同时，传承人也有义务积极传承和推广非物质文化遗产，为其保护和发展做出贡献。当传承人的传承权受到侵害时，如被非法干扰、破坏传承活动等，他们可以依法向有关部门投诉或提起诉讼，要求侵权人停止侵害、赔偿损失等。同时，政府和社会各界也应加强对传承人传承权的保护和支持，为他们提供良好的传承环境和条件。

三、传承人权益的法律保障机制

（一）法律救济机制的建立

1. 侵权行为的认定与处罚

侵权行为的认定是法律救济的前提。在非物质文化遗产领域，侵权行为的认定标准应明确、具体，包括但不限于未经传承人许可使用其传承的非物质文化遗产、歪曲或篡改非物质文化遗产的原貌、以营利为目的非法复制或传播非物质文化遗产等。认定程序应公正、透明，确保传承人的权益不受侵害。一旦侵权行为被认定，侵权人应承担相应的法律责任。法律责任的形式包括民事责任、行政责任和刑事责任。民事责任主要包括停止侵害、赔礼道歉、赔偿损失等；行政责任可能涉及罚款、没收违法所得等；刑事责任可能涉及有期徒刑、罚金等。处罚措施的种类和力度应足以对侵权行为形成有效遏制，保护传承人的合法权益。

2. 权利救济的途径与程序

当传承人的权益受到侵害时，他们应有多种途径寻求法律救济。诉讼是其中最为正式和权威的一种途径，传承人可以通过向人民法院提起诉讼来维护自己的权益。仲裁是一种相对灵活和高效的纠纷解决方式，传承人可以选择向仲裁机构申请仲裁。此外，调解也是一种有效的纠纷解决方式，它可以在双方自愿的基础上，通过第三方的调解来达成和解。救济程序应简便、高效，确保传承人能够及时、有效地获得法律救济。为此，应加强对诉讼、仲裁和调解等救济程序的管理和监督，确保其公正、公平、公开。同时，应加强对传承人的法律援助和支持，帮助他们更好地维护自己的权益。

（二）法律支持与服务体系的完善

1. 法律咨询与援助服务

为传承人提供法律咨询和援助服务是法律保障机制的重要组成部分。法律咨询可以帮助传承人了解自己的权益和义务，以及如何维护自己的权益。可以在传承人遇到法律纠纷时，援助服务为他们提供法律支持和帮助。法律咨询和援助服务的内容应包括但不限于非物质文化遗产的法律保护、侵权行为的认定和处罚、权利救济的途径和程序等。服务方式可以多种多样，如设立法律咨询热线、提供在线法律咨询、组织法律讲座和培训等。应通过定期评估和监督来确保服务的质量和效果。

2. 法律宣传与教育培训

加强法律宣传和教育培训是提高传承人法律意识和保护能力的重要途径。法律宣传可以通过各种媒体和渠道（如广播电视、报纸、网络等）进行，让更多的人了解非物质文化遗产的法律保护知识和重要性。教育培训可以通过组织培训班、讲座、研讨会等方式进行，针对传承人进行专门的法律知识和技能培训。法律宣传和教育培训的具体措施应包括制订宣传计划、编制宣传材料、组织培训活动、建立培训机制等。实施计划应明确时间节点、责任人和考核标准，确保宣传和培训工作的顺利进行。通过加强法律宣传和教育培训，可以提高传承人的法律意识和保护能力，为他们的权益保护提供有力的支持。

第四节　跨文化交流中的法律保护策略

一、跨文化交流中非物质文化遗产的法律地位

（一）非物质文化遗产在跨文化交流中的价值

1. 非物质文化遗产的文化多样性价值

非物质文化遗产作为人类文化多样性的重要体现，承载着各民族、各地区独特的历史记忆、文化传统和审美观念。在跨文化交流中，非物质文化遗产以独特的艺术魅力、深厚的文化底蕴和丰富的表现形式，展现了人类文化的多样性和丰富性。它不仅促进了不同文化之间的交流和相互理解，而且增强了人们对文化多样性的认识和尊重。非物质文化遗产在跨文化交流中的独特地位和作用，体现在它是连接不同文化之间的桥梁和纽带。通过非物质文化遗产的展示和传播，人们可以更加直观地了解和感受不同文化的魅力和特色，从而增进对彼此文化的理解和认同。这种理解和认同是构建和谐世界、促进人类文明进步的重要基础。同时，非物质文化遗产的促进文化交流和相互理解的意义也在于，它有助于打破文化隔阂和偏见，促进不同文化之间的平等对话和相互学习。在全球化日益加深的今天，这种平等对话和相互学习对于维护世界和平、促进共同发展具有重要意义。

2. 非物质文化遗产的经济价值

非物质文化遗产不仅具有深厚的文化内涵和独特的艺术价值，而且蕴含着巨大的经济价值。在跨文化交流中，非物质文化遗产的经济价值得到了越来越多的关注和认可。一方面，非物质文化遗产可以作为旅游资源进行开发，吸引国内外游客前来观赏和体验。许多非物质文化遗产项目，如传统手工艺、民俗表演等，都具有独特的观赏性和体验性，能够成为旅游产品的亮点和特色，为当地经济发展带来新的增长点。另一方面，非物质文化遗产可以与文化创意产业相结合，创造出更多具有市场竞争力的文化

产品和服务。通过将非物质文化遗产元素融入现代设计、影视制作、网络游戏等领域，可以开发出更多具有文化内涵和创意性的产品，满足消费者对文化产品的多元化需求，推动文化产业的创新发展。因此，非物质文化遗产的经济价值的法律保护显得尤为重要。只有确保非物质文化遗产的合法权益得到有效保护，才能激发传承人和相关企业的创新活力，推动非物质文化遗产的经济价值得到充分发挥。

（二）跨文化交流中非物质文化遗产的法律认定

1. 国际法层面的认定

在国际法层面，非物质文化遗产的认定标准和程序主要由相关国际公约和协定规定。这些国际公约和协定明确了非物质文化遗产的定义、范围和保护原则，为各国在跨文化交流中保护非物质文化遗产提供了法律依据和指导。国际法层面对非物质文化遗产的认定，不仅确认了其在人类文化中的重要地位和价值，而且为跨文化交流提供了法律保障。通过国际法的认定，各国可以更加明确地了解彼此在非物质文化遗产保护方面的权利和义务，加强国际合作与交流，共同推动非物质文化遗产的保护和传承。同时，国际法层面的认定还有助于提高各国对非物质文化遗产保护的重视程度和投入力度。各国在遵循国际法规定的同时，会根据本国实际情况制定相应的法律政策和措施，加强对非物质文化遗产的保护和管理。

2. 国内法层面的认定

在国内法层面，各国根据自身的法律体系和文化传统，制定了相应的非物质文化遗产认定机制和法律规定。这些机制通常包括非物质文化遗产的申报、评审、认定和公布等环节，确保非物质文化遗产的合法权益得到有效保护。国内法对非物质文化遗产的认定，不仅确认了其在本国文化中的重要地位和价值，而且为跨文化交流提供了法律基础。通过国内法的认定，传承人和相关企业可以更加明确地了解自己的权利和义务，积极参与跨文化交流活动，推动非物质文化遗产的传播和发展。同时，国内法认定与国际法认定的衔接和协调也是非常重要的。各国在制定和执行国内法时，应充分考虑国际法的规定和要求，确保国内法与国际法的一致性和协调性。这样，不仅可以增强各国在非物质文化遗产保护方面的合作与交流，而且可以提高国际社会对各国非物质文化遗产保护的认可和支持。

二、跨文化交流中非物质文化遗产的法律保护挑战

（一）文化差异带来的法律冲突

1. 文化差异对法律保护的影响

文化差异是非物质文化遗产保护中不可忽视的因素。由于不同国家和地区的历史背景、文化传统、宗教信仰、社会习俗等存在差异，因此人们对非物质文化遗产的认知和保护方式也会有所不同。这种差异可能导致在跨文化交流中，对同一项非物质文化遗产的保护措施产生分歧，甚至引发法律冲突和纠纷。文化差异可能导致对非物质文化遗产的价值评估、保护范围、传承方式等方面的认知差异。例如，某些在一个国家被视为珍贵文化遗产的传统技艺，在另一个国家可能并不被重视，甚至可能面临失传的风险。这种认知差异可能导致在保护措施的制定和执行上出现分歧，进而引发法律冲突。此外，文化差异还可能影响法律制度的构建和实施。不同国家的法律体系、法律传统和法律文化存在差异，这可能导致在非物质文化遗产的法律保护上出现空白或冲突。例如，某些国家可能缺乏针对非物质文化遗产的专门立法，或者现有法律无法有效地应对跨文化交流中的法律问题。

2. 法律冲突解决机制

为了解决文化差异带来的法律冲突，需要建立有效的解决机制。其中，国际法律合作和文化对话是两种重要的方式。国际法律合作可以通过签订国际公约、协定或双边协议等方式，明确各国在非物质文化遗产保护中的权利和义务，促进法律制度的协调统一。例如，联合国教科文组织通过的《公约》为各国在非物质文化遗产保护上的合作提供了法律框架。文化对话是通过加强不同文化之间的交流和沟通，增进彼此的理解和尊重，从而减少法律冲突的发生。文化对话可以通过举办国际文化节、艺术展览、学术研讨会等方式进行，为各国提供一个展示和交流非物质文化遗产

的平台。在实际应用中，这些机制已经取得了一定的成效。例如，通过国际法律合作，各国在非物质文化遗产的保护范围、传承方式、法律责任等方面达成了共识，为跨国文化交流提供了法律保障。同时，通过文化对话，各国增进了对彼此文化的了解和认识，减少了因文化差异而引发的法律冲突和纠纷。

（二）跨国界传播中的权益保护问题

1. 跨国界传播中的权益界定

在跨国界传播中，非物质文化遗产的相关权益需要明确界定。这些权益包括但不限于知识产权、表演者权等。知识产权是指权利人对其智力成果所享有的专有权利。在非物质文化遗产的跨国界传播中，涉及的知识产权主要包括版权、商标权和专利权等。例如，传统手工艺品的设计图案、传统音乐的旋律和歌词等都可能构成版权保护的对象。表演者权是指表演者对其表演所享有的权利。在非物质文化遗产的跨国界传播中，表演者权主要涉及表演者的署名权、保护表演完整权、许可他人从现场直播和公开传送其现场表演的权利以及获得报酬的权利等。权益界定在跨国界传播中具有重要的法律意义。它明确了权利人和使用者的权利和义务，为非物质文化遗产的合法传播和使用提供了法律依据。然而，由于不同国家的法律体系和法律传统存在差异，因此权益界定在跨国界传播中也面临着实践挑战。例如，某些国家可能不承认或不完全承认某些类型的知识产权或表演者权，这可能导致在跨国界传播中出现权益纠纷。

2. 权益保护的法律措施

为了保护跨国界传播中非物质文化遗产的相关权益，需要采取一系列的法律措施。国际版权保护是其中一项重要的法律措施。通过加入国际版权公约或协定，各国可以相互承认和保护彼此的版权，为非物质文化遗产的跨国界传播提供版权保护。例如，《伯尔尼公约》《世界版权公约》为国际版权保护提供了法律框架。跨国诉讼也是保护非物质文化遗产相关权益的一种有效方式。当权益受到侵害时，权利人可以通过跨国诉讼来维护自己的合法权益。然而，跨国诉讼通常涉及不同国家的法律体系和法律程序，可能面临法律适用、管辖权和判决承认与执行等问题。因此，在进行跨国诉讼时，需要谨慎考虑并寻求专业法律意见。除了国际版权保护和跨国诉讼，还可以采取其他法律措施来保护非物质文化遗产的相关权益。例如，建立跨国界的权益保护合作机制、加强法律宣传和教育培训、提高公众对非物质文化遗产保护的认识和重视程度等。这些法律措施在保护非物质文化遗产相关权益方面具有一定的有效性。然而，由于跨国界传播涉及不同国家的法律体系和法律传统，这些措施也存在一定的局限性。因此，在制定和执行这些措施时，需要充分考虑不同国家的实际情况和法律差异，寻求共识和妥协，以共同推动非物质文化遗产的保护和传承。

三、跨文化交流中非物质文化遗产的法律保护策略

（一）加强国际法律合作与交流

为了更有效地保护非物质文化遗产在跨文化交流中的权益，完善国际法律框架显得尤为重要。当前，虽然已有如《公约》等国际公约存在，但随着全球化进程的加速和跨文化交流的日益频繁，现有的国际法律框架仍需不断细化和完善。建议国际社会加强对非物质文化遗产法律保护的国际立法工作，明确非物质文化遗产的定义、范围、保护原则及各国的权利和义务。同时，应推动国际公约的普遍加入和有效实施，确保各国在非物质文化遗产保护上的法律义务得到切实履行。国际法律框架的完善对跨文化交流的法律保障作用不可小觑。一方面，它为各国在非物质文化遗产保护上的合作提供了法律基础，促进了国际信息共享、经验交流和技术合作。另一方面，它也为跨国界的非物质文化遗产交流活动提供了法律保障，确保了活动的合法性和正当性，减少了因法律差异而引发的冲突和纠纷。

在完善国际法律框架的基础上，建立有效的国际合作机制是促进非物质文化遗产跨国界交流和保护的关键。近年来，国际社会在非物质文化遗产保护方面已经积累了一定的合作经验，如联合申报世界非物质文化遗产项目、共同举办国际非物质文化遗产节等。为了进一步地提升合作效果，建议各国应加强在非物质文化遗产保护领域的双边和多边合作，建立定期的交流机制，共同研究解决跨国界保护中的法律问题。同时，应鼓励国际

组织、非政府组织和民间团体积极参与非物质文化遗产的保护和交流活动，形成多元化的合作格局。国际合作机制在解决跨文化交流中的法律保护问题方面发挥着重要作用。通过合作，各国可以共同应对非物质文化遗产保护面临的挑战，如权益界定、法律冲突等。同时，合作还可以促进各国在非物质文化遗产保护上的经验交流和技术转移，提高整体的保护水平。

（二）提升国内法律保护水平

健全国内法律制度是加强对非物质文化遗产在跨文化交流中法律保护的基础。各国应根据自身的法律体系和文化传统，制定和完善非物质文化遗产保护的相关法律法规，明确保护范围、保护措施和法律责任。建议各国在立法过程中应充分考虑非物质文化遗产的特殊性和复杂性，确保法律制度的针对性和可操作性。同时，应加强对非物质文化遗产法律保护的司法解释和案例指导，为法律实践提供明确的指导。国内法律制度的健全对提升非物质文化遗产法律保护水平具有重要意义。一方面，它为非物质文化遗产的保护提供了法律依据和保障，确保了保护措施的合法性和有效性。另一方面，它也增强了社会对非物质文化遗产法律保护的信心和认同感，促进了保护工作的顺利开展。

法律执行与监管是确保非物质文化遗产在跨文化交流中法律保护得到有效实施的关键环节。各国应加强对非物质文化遗产保护法律法规的执行力度，严厉打击侵犯非物质文化遗产权益的违法行为。同时，应建立健全非物质文化遗产保护的监管机制，加强对非物质文化遗产保护活动的监督和管理。建议各国应设立专门的非物质文化遗产保护机构或委员会，负责协调和指导全国的保护工作，确保保护措施的落实和效果的评估。法律执行与监管的加强在保障非物质文化遗产权益方面发挥着重要作用。通过严格的法律执行和监管，可以有效地维护非物质文化遗产的合法权益，防止其被滥用或侵害。同时，可以促进非物质文化遗产的合法传播和交流，推动其在全球范围内的传承和发展。

（三）增强社会法律意识与保护能力

加强法律宣传和教育是提高社会对非物质文化遗产法律保护认识和重

视程度的重要途径。各国应通过开展形式多样的法律宣传和教育活动，普及非物质文化遗产法律保护的知识和理念。建议各国将非物质文化遗产法律保护纳入国民教育体系，从小学到大学开设相关课程或讲座，培养年轻一代对非物质文化遗产的尊重和保护意识。同时，应利用媒体、网络等渠道广泛宣传非物质文化遗产法律保护的重要性和必要性，提高全社会的法律意识和保护责任感。法律宣传与教育普及在增强社会法律意识方面发挥着重要作用。通过宣传和教育，可以使更多的人了解非物质文化遗产的法律地位和保护措施，增强其对法律保护的认同感和参与度。同时，可以提高社会对非物质文化遗产价值的认识和尊重，促进其在全球范围内的传播和交流。

提升非物质文化遗产保护能力是为跨文化交流提供法律支持的重要保障。各国应加强对非物质文化遗产保护专业人才的培养和培训，提高其法律素养和专业技能。同时，应加大对非物质文化遗产保护工作的投入和支持力度，提供必要的资金、技术和设施等保障。建议各国设立非物质文化遗产保护专项基金或项目，支持相关研究和保护活动的开展。保护能力提升与支持在促进非物质文化遗产跨国界传播和保护方面具有重要意义。通过提升保护能力，可以更有效地应对跨国界保护中面临的挑战和问题，确保非物质文化遗产的合法权益得到切实保障。同时，可以增强各国在非物质文化遗产保护上的合作与交流能力，推动其在全球范围内的传承和发展。

第五章　非物质文化遗产的商业化利用与法律保护

第一节　商业化利用的现状与问题

一、非物质文化遗产商业化利用的现状

（一）商业化利用的主要形式

非物质文化遗产融入旅游开发，已成为推动地方文化经济发展和提升旅游品质的重要途径。具体而言，这种融入方式多样，既包括将非物质文化遗产作为旅游资源进行开发，如组织具有地方特色的文化表演，展示传统手工艺制作过程，也涵盖在旅游景区、文化节庆活动中融入非物质文化遗产元素，以吸引游客参与和体验。旅游开发对非物质文化遗产的传播和保护起到了积极作用。一方面，通过旅游活动的开展，非物质文化遗产得以在更广泛的范围内被公众知晓和认可，提高了其社会认知度和影响力。另一方面，旅游开发为非物质文化遗产的传承提供了经济支持，如通过门票收入、手工艺品销售等方式，为传承人提供了生活来源和创作动力，有助于非物质文化遗产的活态传承。

非物质文化遗产在文化创意产品设计、制作和推广中的应用日益广泛。许多设计师和艺术家将非物质文化遗产的元素和技艺融入现代设计中，创作出既具有传统韵味又符合现代审美需求的文化创意产品。这些产品不仅丰富了市场供给，满足了消费者对文化多样性的需求，而且为非物质文化遗产的传承和创新提供了新的路径。文化创意产品对非物质文化遗产的传承和创新具有显著的促进作用。通过市场化运作，文化创意产品能够将非物质文化遗产的文化内涵和审美价值传递给更多的人，特别是年轻一代，从而激发他们对传统文化的兴趣和热爱。同时，文化创意产品的开

发也促使传承人不断创新技艺和手法，以适应市场需求，推动非物质文化遗产与时俱进。

影视媒体是非物质文化遗产呈现和传播的重要平台。近年来，越来越多的纪录片、电影、电视剧等影视作品开始关注并呈现非物质文化遗产的主题和内容。这些作品通过生动的画面和故事，向观众展示了非物质文化遗产的独特魅力和深厚底蕴。影视媒体对非物质文化遗产的普及和认知提升做出了重要贡献。一方面，影视作品能够跨越地域和文化的界限，将非物质文化遗产传播到世界各地，让更多的人了解和欣赏到不同文化的独特之处。另一方面，通过影视作品的呈现，观众能够更加直观地感受到非物质文化遗产的价值和意义，从而增强对传统文化的尊重和保护意识。

（二）商业化利用的成功案例

在国内外，非物质文化遗产商业化利用的成功案例不胜枚举。例如，某地区的手工艺品品牌通过挖掘和传承当地传统手工艺技能，结合现代设计理念和市场需求，开发出一系列具有地方特色的手工艺品，不仅在国内市场上受到欢迎，而且成功地走向国际市场。又如，某民族的文化旅游项目通过整合当地非物质文化遗产资源，打造了一系列具有民族特色的文化体验活动，吸引了大量的游客前来参观体验，有效地推动了当地旅游经济的发展。这些成功案例的共同特点在于，它们都注重文化传承与创新相结合，充分挖掘非物质文化遗产的独特价值和魅力；同时，它们也注重市场推广和品牌建设，通过有效的营销策略和手段，将非物质文化遗产推向更广阔的市场。这些成功案例对非物质文化遗产商业化利用提供了宝贵的启示。首先，要注重文化传承与创新相结合，既要保持非物质文化遗产的原汁原味，又要结合现代审美和市场需求进行创新设计；其次，要加强市场推广和品牌建设，提高非物质文化遗产的知名度和影响力；最后，要注重产业融合和发展，将非物质文化遗产与其他相关产业进行有机结合，形成产业链和产业集群，推动非物质文化遗产的产业化发展。基于这些启示，我们可以提出以下借鉴成功案例经验、推动非物质文化遗产商业化利用的建议：一是加强政府引导和支持，为非物质文化遗产商业化利用提供政策保障和资金支持；二是加强人才培养和引进，培养一批既懂传统文化又懂市场运营的复合型人才；三是加强国际合作与交流，借鉴国际先进经验和技术手段，推动非物质文化遗产的国际化发展。

二、非物质文化遗产商业化利用面临的问题

（一）商业化过程中的文化失真问题

在非物质文化遗产的商业化过程中，文化失真是一个不容忽视的问题。这种失真可能表现为过度商业化，即为了迎合市场需求，对非物质文化遗产进行过度包装和改编，导致其原有的文化内涵和价值被淡化或扭曲。例如，一些传统手工艺品在商业化过程中，为了追求产量和销量，可能采用机械化生产方式，失去了手工制作的独特性和文化内涵。另外，文化元素的扭曲也是文化失真的一种表现，即在商业化过程中，对非物质文化遗产中的文化元素进行不恰当的改编或滥用，导致其原有的文化意义和历史背景被歪曲或遗忘。文化失真对非物质文化遗产的传承和保护具有负面影响。一方面，文化失真可能导致非物质文化遗产的原有价值和意义被削弱或丧失，使其失去对传承人和公众的吸引力，进而影响其传承和发展。另一方面，文化失真可能引发公众对非物质文化遗产的误解和误认，损害其文化形象和声誉，进而阻碍其保护和传承工作。为了防止非物质文化遗产在商业化过程中失真，需要采取一系列的措施。首先，加强文化监管是必要的。政府和相关机构应建立健全的文化监管机制，对非物质文化遗产的商业化利用进行严格的审查和监督，确保其符合文化传承和保护的要求。其次，尊重原文化内涵是防止文化失真的关键。商业开发者在利用非物质文化遗产时，应充分尊重其原有的文化内涵和价值，避免过度包装和改编，保持其真实性和完整性。最后，可以通过加强文化教育和宣传，提高公众对非物质文化遗产的认知和尊重，形成全社会共同保护非物质文化遗产的良好氛围。

（二）商业化利益与文化权益的冲突

商业开发者往往追求最大的经济效益，而传承人则更注重非物质文化遗产的传承和发展。这种利益冲突可能表现为商业开发者对非物质文化遗产的过度开发或滥用，损害传承人的利益和权益；或者传承人为了维护自己的利益和权益，拒绝与商业开发者合作，导致非物质文化遗产无法得到

有效的传播和利用。利益冲突对非物质文化遗产的保护和传承具有阻碍作用。一方面，利益冲突可能导致非物质文化遗产的商业化利用陷入僵局，无法实现其经济价值和社会价值的最大化。另一方面，利益冲突可能引发传承人和商业开发者之间的矛盾和冲突，破坏其合作关系和信任基础，进而影响非物质文化遗产的传承和发展。为了平衡非物质文化遗产商业化利益与文化权益的冲突，需要采取一系列的策略。首先，建立合理的利益分配机制是必要的。政府和相关机构应制定相关政策和法规，明确非物质文化遗产商业化利用中的利益分配原则和方法，确保传承人和商业开发者都能获得合理的利益回报。其次，加强法律保护是平衡利益冲突的重要手段。通过完善法律法规体系，明确非物质文化遗产的权属和保护范围，为传承人和商业开发者提供法律保障和支持。最后，可以通过建立沟通机制和协商平台，促进传承人和商业开发者之间的沟通与合作，共同推动非物质文化遗产的商业化利用和保护工作。

（三）商业化利用的法律保护缺失

目前，我国关于非物质文化遗产的法律法规体系尚不完善，存在许多空白和漏洞。同时，执法力度也不足，导致一些违法行为得不到有效的制止和惩罚。这种法律保护缺失的现状，使得非物质文化遗产在商业化利用过程中容易受到侵害和损害。法律保护缺失对非物质文化遗产商业化利用的制约作用显而易见。一方面，法律保护缺失可能导致非物质文化遗产的商业化陷入无序状态，无法形成有效的市场秩序和竞争环境。另一方面，法律保护缺失可能使传承人和商业开发者的合法权益得不到有效保障，进而影响其参与非物质文化遗产商业化利用的积极性和创造性。

加强非物质文化遗产商业化利用的法律保护是必要的。首先，加强法律保护可以保障传承人的权益。通过明确非物质文化遗产的权属和保护范围，为传承人提供法律保障和支持，确保其能够合法地享有和使用非物质文化遗产的相关权益。其次，加强法律保护可以促进文化的可持续发展。通过完善法律法规体系，规范非物质文化遗产的商业化利用行为，防止其被过度开发或滥用，确保其能够得以传承和发展。为了加强非物质文化遗产商业化利用的法律保护，提出以下具体建议和措施：一是完善法律法规体系。政府应加快制定和完善关于非物质文化遗产的法律法规，明确其权属、保护范围、商业化利用方式等相关内容，为非物质文化遗产的商业化利用提供法律依据和保障。二是加强执法监督。相关机构应加大对非物质文化遗产商业化利用行为的执法监督力度，严厉打击违法行为，维护市场秩序和公共利益。三是加强法律宣传和教育。通过加强法律宣传和教育，提高公众对非物质文化遗产法律保护的认识和意识，形成全社会共同保护非物质文化遗产的良好氛围。

第二节　商业化利用中的法律风险与防控

一、商业化利用中的法律风险识别

（一）知识产权侵权风险

非物质文化遗产往往蕴含着丰富的文化内涵和独特的艺术表现形式，这些元素在商业化过程中极易成为著作权侵权的对象。具体来说，未经许可使用、改编、表演非物质文化遗产中的音乐作品、舞蹈动作、传统戏剧等，都可能构成著作权侵权。著作权侵权对非物质文化遗产传承人和相关权益人的损害是多方面的。首先，它直接剥夺了传承人和原创者的经济收益，使得他们无法从自己的创作中获得应有的报酬。其次，著作权侵权可能损害传承人的名誉和声誉，使得他们的作品被误用或滥用，进而影响其文化地位和社会评价。最后，长期的著作权侵权可能挫伤传承人和原创者的创作积极性，对非物质文化遗产的传承和发展造成不利的影响。

商标是区分商品或服务来源的重要标志，对于非物质文化遗产的商业化利用来说，商标权同样具有至关重要的意义。然而，在商业化过程中，冒用、伪造、擅自使用非物质文化遗产相关商标的行为时有发生。这些行为不仅损害了商标权人的合法权益，而且可能对非物质文化遗产品牌声誉和市场秩序造成严重的破坏。商标权侵权会导致消费者产生混淆，误认侵权商品或服务为正品，从而损害消费者的合法权益。同时，商标权侵权还会削弱非物质文化遗产品牌的市场竞争力，使得正品商品或服务在市场中难以立足。长期下去，这种侵权行为可能破坏整个市场的公平竞争环境，对非物质文化遗产的商业化利用造成严重的影响。

专利权是保护发明创造的重要法律制度，对于非物质文化遗产中的传统技艺、传统知识等创新成果来说，专利权同样具有保护作用。然而，在商业化利用过程中，对传统技艺、传统知识的不当专利化或专利侵权问题时有发生。一方面，一些不具备专利性的传统技艺或传统知识被错误地授予专利权，导致专利权的滥用和浪费；另一方面，一些商业主体在未经许可的情况下，擅自使用或侵犯他人对传统技艺、传统知识的专利权，构成专利权侵权。专利权侵权对非物质文化遗产的创新和发展具有阻碍作用。它剥夺了原创者的专利权益，使得原创者无法从自己的发明创造中获得应有的回报。同时，专利权侵权还可能抑制其他创新者的创新积极性，使得非物质文化遗产领域的创新活动受到抑制。长期下去，这种侵权行为可能破坏整个行业的创新生态，对非物质文化遗产的传承和发展造成不利的影响。

（二）合同法律风险

在非物质文化遗产商业化利用过程中，合同的签订是保障双方权益的重要环节。然而，合同签订过程中可能存在诸多风险，如合同条款不明确、不合法或存在歧义等。这些风险可能导致合同双方对合同条款的理解产生分歧，进而引发争议和纠纷。合同签订风险对合同双方权益的保障影响是显著的。一方面，不明确的合同条款可能导致双方对合同义务和责任的理解产生歧义，使得合同无法有效履行。另一方面，不合法的合同条款可能违反法律法规的强制性规定，导致合同无效或可撤销。在这种情况下，合同双方的权益都将无法得到有效的保障。

合同履行既是合同生效后的关键环节，也是实现合同目的的重要手段。然而，在非物质文化遗产商业化利用过程中，合同履行过程中可能出现一方违约、履行不符合约定等问题。这些问题可能导致商业合作无法顺利进行，甚至引发争议和诉讼。合同履行风险对商业合作稳定性和可持续性的威胁是显而易见的。一方面，合同一方违约可能导致另一方遭受经济损失和信誉损害，进而破坏双方之间的信任关系。另一方面，履行不符合约定可能导致合同目的无法实现，使得商业合作失去意义和价值。长期下去，这种合同履行风险可能破坏整个行业的商业合作生态，对非物质文化遗产的商业化利用造成不利的影响。

（三）其他法律风险

不正当竞争是指经营者违反法律规定，损害其他经营者的合法权益，扰乱社会经济秩序的行为。在非物质文化遗产商业化利用过程中，可能面临混淆行为、虚假宣传等不正当竞争问题。这些问题可能导致消费者产生误解或混淆，进而损害正品商品或服务的市场地位和声誉。不正当竞争对非物质文化遗产市场公平竞争环境的破坏是严重的。它破坏了市场的公平竞争秩序，使得正品商品或服务在市场中难以立足。同时，不正当竞争还可能抑制创新者的创新积极性，使得非物质文化遗产领域的创新活动受到阻碍。长期下去，这种不正当竞争行为可能破坏整个行业的市场竞争生态，对非物质文化遗产的商业化利用造成不利的影响。然而，由于法律法规的复杂性和多样性，商业主体可能面临违反文化市场管理规定、税收法规等法律法规遵守风险。这些风险可能导致商业主体受到法律制裁或行政处罚，进而损害其商业声誉和市场竞争力。法律法规遵守风险对非物质文化遗产商业化利用的合法性和合规性的影响是显著的。一方面，违反法律法规可能导致商业主体受到法律制裁或行政处罚，使得其商业活动无法顺利进行。另一方面，合规性问题可能导致商业主体在市场竞争中处于不利地位，影响其市场份额和盈利能力。因此，商业主体在非物质文化遗产商业化利用过程中，必须严格遵守相关法律法规，确保其商业活动的合法性和合规性。

二、商业化利用中的法律风险防控措施

（一）加强知识产权保护

在非物质文化遗产商业化利用过程中，完善知识产权管理制度是防范侵权风险的关键。首先，应建立知识产权登记机制，对非物质文化遗产中的相关作品、商标、专利等进行全面登记，确保权益的清晰和明确。其次，应设立知识产权备案制度，将非物质文化遗产的商业化利用情况及时备案，为后续的权益维护提供有力依据。最后，还应建立知识产权监测机制，定期对市场上的非物质文化遗产商业化利用情况进行监测，及时发现并处理侵权行为。完善知识产权管理制度对防范侵权风险具有重要作用。

一方面，通过登记和备案机制，可以明确非物质文化遗产的权益归属，减少因权益不清而引发的纠纷。另一方面，监测机制的建立可以及时发现侵权行为，为权益人提供及时的法律救济，有效地打击侵权行为，保护非物质文化遗产的合法权益。

提高非物质文化遗产传承人和相关权益人的知识产权保护意识是防范侵权风险的重要前提。许多传承人和相关权益人由于缺乏对知识产权的了解和保护意识，往往容易成为侵权行为的受害者。因此，应通过培训、宣传等方式，提高他们的知识产权保护意识。可以组织专门的知识产权培训活动，邀请法律专家为传承人和相关权益人讲解知识产权的基本知识和保护方法。同时，可以利用媒体、网络等渠道进行广泛宣传，提高公众对非物质文化遗产知识产权保护的认识和重视程度。通过提高知识产权保护意识，可以使传承人和相关权益人更加主动地维护自己的权益，有效地防范侵权风险。加强知识产权执法力度是打击侵权行为、保护非物质文化遗产合法权益的重要手段。当前，一些地区存在知识产权执法不力、处罚力度过轻等问题，导致侵权行为屡禁不止。因此，应加大知识产权执法力度，对侵权行为进行严厉打击。可以完善知识产权执法程序，确保执法活动的合法性和公正性。同时，应加大处罚力度，对侵权行为进行严厉处罚，提高侵权成本，形成有效的威慑力。此外，还可以加强跨部门、跨地区的执法协作，形成合力，共同打击侵权行为，保护非物质文化遗产的合法权益。

（二）规范合同管理

在非物质文化遗产商业化利用过程中，合同是保障双方权益的重要手段。然而，合同签订过程中可能存在条款不明确、不合法或存在歧义等问题，导致合同履行过程中出现纠纷。因此，应完善合同审查机制，确保合同的合法性和有效性。在合同签订前，应对合同条款进行全面审查，确保条款明确、合法、无歧义。同时，可以邀请法律专家对合同进行专业审查，提出修改意见和建议。通过完善合同审查机制，可以有效地防范合同签订风险，保障合同双方的权益。合同履行是实现合同目的的关键环节。然而，在合同履行过程中，可能出现一方违约、履行不符合约定等问题，导致商业合作无法顺利进行。因此，应加强合同履行监督，确保合同得到全面履行。可以建立合同履行跟踪机制，对合同履行情况进行定期跟踪和评估。同时，应及时处理合同履行中的问题，对违约行为进行及时纠正和处理。通过加强合同履行监督，可以保障合同双方的权益与合作稳定性，促进非物质文化遗产的商业化利用顺利进行。

（三）遵守法律法规，防范其他潜在法律风险

在非物质文化遗产商业化利用过程中，遵守法律法规是保障合法合规性的基础。然而，由于法律法规的复杂性和多样性，相关人员可能缺乏对法律法规的了解和掌握，导致违法违规行为的发生。因此，应加强法律法规学习培训，提高相关人员的合法合规意识。可以组织专门的法律法规培训活动，邀请法律专家为相关人员讲解相关法律法规的基本内容和要求。同时，可以利用内部培训、在线学习等方式进行广泛培训，提高相关人员的法律法规素养和合法合规意识。通过加强法律法规学习培训，可以使相关人员更加自觉地遵守法律法规，有效地防范其他法律风险。为了提前防范和应对这些法律风险，应建立法律风险预警机制。可以定期评估非物质文化遗产商业化利用过程中的法律风险，对可能存在的法律风险进行识别和评估。同时，应及时发布预警信息，提醒相关人员注意法律风险，并采取相应的防范措施。通过建立法律风险预警机制，可以提前发现和防范法律风险，减少因法律风险而引发的纠纷和损失。

第三节　知识产权许可与转让机制
在非物质文化遗产中的应用

一、知识产权许可机制在非物质文化遗产中的构建

（一）知识产权许可的基本概念与原则

知识产权许可是指知识产权权利人（即许可人）依法将其所享有的知识产权中的使用权能，在一定条件下授权给他人（即被许可人）使用的法律行为。这种许可并不涉及知识产权所有权的转移，而是使用权的暂时让渡。在非物质文化遗产语境下，知识产权许可通常涉及传统技艺、传统表演艺术、民俗活动等相关知识产权的使用授权。知识产权许可应遵循合法

性原则，即许可行为必须符合法律规定，不得违反法律法规的强制性规定，且许可的知识产权应为合法有效的知识产权。自愿原则即许可人与被许可人应在平等、自愿的基础上进行协商，达成许可协议，任何一方不得强迫对方接受不合理的条件。公平原则即许可条件应公平合理，既要考虑许可人的合法权益，也要保障被许可人的合理使用需求，确保双方利益的平衡。

（二）非物质文化遗产知识产权许可的特殊性

非物质文化遗产具有独特性、传承性、地域性等特性，这些特性对知识产权许可的实施产生了深远影响。非物质文化遗产往往具有独特的文化价值和艺术表现力，这种独特性使得其在许可过程中需要特别考虑如何保持其原真性和完整性，避免过度商业化导致文化价值的丧失。非物质文化遗产的传承依赖于特定的社群和传承人，许可行为应尊重并促进这种传承关系，确保传承人的权益得到保障，同时促进非物质文化遗产的持续发展。非物质文化遗产通常与特定的地域文化紧密相关，许可行为应考虑地域文化的差异性和敏感性，避免对地域文化造成不当影响。在知识产权许可中，保障非物质文化遗产传承人的权益是至关重要的。传承人作为非物质文化遗产的创造者和传承者，其权益应得到充分的尊重和保护。许可人应确保传承人因其知识产权的使用而获得合理的报酬，这种报酬应与其贡献和知识产权的价值相匹配。在许可过程中，应尊重传承人的文化身份和地位，认可其对非物质文化遗产的贡献，避免将其视为单纯的商业资源。传承人应有机会参与许可过程的决策，确保其意见和建议得到充分考虑，保障其在许可过程中的知情权、参与权和决策权。

（三）非物质文化遗产知识产权许可的模式与流程

非物质文化遗产知识产权许可的常见模式包括独占许可、排他许可和普通许可等。独占许可指许可人将知识产权的使用权能独占性地授权给被许可人使用，许可人在许可期间不得再授权给其他人使用。这种模式适用于需要严格控制知识产权使用范围和保护传承人权益的情况。排他许可指许可人将知识产权的使用权能授权给被许可人使用，同时保留自己使用的权利，但不得再授权给第三方使用。这种模式适用于许可人希望保留自己使用知识产权的同时，通过许可获得一定收益的情况。普通许可指许可人将知识产权的使用权能授权给被许可人使用，同时自己也可以继续使用或再授权给其他人使用。这种模式适用于知识产权使用范围较广、不需要严格控制使用情况的场景。在选择许可模式时，应综合考虑非物质文化遗产的特性、传承人的权益、市场需求等因素，选择最适合的许可模式。

非物质文化遗产知识产权许可的具体流程通常包括许可人或被许可人提出许可意向，明确许可的范围、条件、期限等要素。双方就许可条件进行协商，包括使用费、使用方式、使用期限、保密义务、违约责任等条款。在协商一致的基础上，双方签订许可合同，明确各自的权利和义务。合同内容应符合法律法规的规定，且应充分考虑非物质文化遗产的特性和传承人的权益。双方应按照合同约定履行各自的义务，许可人应监督被许可人按照合同约定的方式和条件使用知识产权，确保非物质文化遗产的合法合规使用。

二、知识产权转让机制在非物质文化遗产中的实践

（一）知识产权转让的基本概念与法律规定

知识产权转让是指知识产权权利人（即转让人）依法将其所享有的知识产权的全部或部分权利，通过法律手段转让给他人（即受让人）的行为。这一行为导致知识产权的所有权或使用权发生转移，受让人在转让合同约定的范围内成为新的知识产权权利人。在非物质文化遗产语境下，知识产权转让可能涉及传统技艺、传统表演艺术、民俗活动等相关的专利权、商标权、著作权等知识产权的转让。关于知识产权转让，相关法律法规有着明确的规定。这些规定涵盖了转让的条件、程序、效力等多个方面。知识产权转让必须基于双方自愿、平等、公平的原则进行，转让人必须拥有合法的知识产权，且转让行为不得违反法律法规的强制性规定。知识产权转让通常需要签订书面的转让合同，明确转让的权利范围、转让费用、转让期限、保密义务、违约责任等条款。合同签订后，双方需按照相关法律法规的规定办理转让登记或备案手续。知识产权转让一旦生效，受让人即成为新的知识产权权利人，享有相应的权利并承担相应的义务。转让人不再享有已转让的知识产权权利，除非转让合同另有约定。

（二）非物质文化遗产知识产权转让的特殊性与挑战

非物质文化遗产的价值评估是知识产权转让中的一大难点。非物质文化遗产具有独特的文化价值、历史价值和市场价值，这些价值的衡量标准并不统一，且难以用金钱来准确衡量。非物质文化遗产承载着丰富的文化内涵和历史信息，是民族文化的重要组成部分。这种文化价值的评估需要综合考虑其历史渊源、文化内涵、社会影响等多个方面。非物质文化遗产往往具有悠久的历史和传承性，其历史价值的评估需要考察其历史沿革、传承谱系、地域特色等因素。非物质文化遗产的市场价值取决于其商业化利用的程度和市场需求。然而，由于非物质文化遗产的特殊性，其市场价值的评估往往存在不确定性。在知识产权转让中，如何平衡文化传承与商业利益是一个重要问题。非物质文化遗产的传承依赖于特定的社群和传承人，转让行为应尊重并促进这种传承关系。知识产权转让应确保非物质文化遗产的文化内涵和传承机制得到保护和延续。受让人在获得知识产权后，应尊重其文化渊源和传承谱系，不得随意改变或歪曲其文化内涵。同时，知识产权转让也应考虑商业利益的实现。转让人和受让人应在平等、自愿的基础上协商转让条件，确保双方利益的平衡。受让人在商业化利用非物质文化遗产时，应遵守相关法律法规的规定，不得滥用或遗失其文化价值。

（三）非物质文化遗产知识产权转让的策略与操作

在制定非物质文化遗产知识产权转让策略时，明确转让的目的是为了促进非物质文化遗产的传播和推广，还是为了实现商业利益的最大化。不同的转让目的将影响转让条件的选择和受让人的选择。选择具有良好信誉和实力的受让人，确保非物质文化遗产在转让后能够得到妥善保护与合理利用。同时，应考虑受让人对非物质文化遗产的文化认同感和传承意愿。根据非物质文化遗产的特性和市场需求，制定合理的转让条件。包括转让费用、转让期限、使用方式、保密义务、违约责任等条款。非物质文化遗产知识产权转让的具体操作步骤是转让人和受让人应就转让意向进行充分沟通，明确转让的范围、条件和期望。双方应就转让事宜达成初步共识。在协商一致的基础上，双方应签订书面的转让合同。合同内容应符合相关法律法规的规定，且应充分考虑非物质文化遗产的特性和传承人的权益。合同应明确转让的权利范围、转让费用、转让期限、保密义务、违约责任等条款。受让人应按照合同约定的方式和期限支付转让费用。转让人在收到转让费用后，应协助受让人办理相关转让登记或备案手续。转让完成后，转让人和受让人应保持密切联系，共同监督和管理非物质文化遗产的商业化利用情况。确保受让人遵守合同约定的使用方式和保密义务，不得滥用或遗失其文化遗产价值。同时，双方应积极探索合作机会，共同推动非物质文化遗产的传承和发展。

三、知识产权许可与转让机制在非物质文化遗产保护中的作用

（一）促进非物质文化遗产的传承与发展

知识产权许可与转让机制在非物质文化遗产保护中，首先起到激励传承人积极参与商业化使用的重要作用。这一机制明确传承人对非物质文化遗产所享有的知识产权，如传统技艺的专利权、传统表演艺术的著作权等，使得传承人能够合法地将其所掌握的非物质文化遗产转化为经济资源。当传承人看到其技艺或表演能够带来经济收益时，他们更愿意投入时间和精力去传承和发展这些非物质文化遗产。知识产权许可机制允许传承人将其知识产权许可给他人使用，从中获得许可费用。这种经济激励促使传承人更加积极地传授其技艺或表演，因为他们的努力直接与经济回报挂钩。同时，知识产权转让机制也为传承人提供了将其知识产权一次性转让给他人的机会，从而获得一笔较大的经济收益。这笔收益可以用于改善传承人的生活条件，或者用于支持他们进一步地开展非物质文化遗产的传承活动。此外，知识产权许可与转让机制还通过提高非物质文化遗产的商业价值，吸引了更多外部投资者的关注。这些投资者可能愿意为非物质文化遗产的商业化利用提供资金和技术支持，从而进一步地推动了其传承与发展。

知识产权许可与转让机制还有助于拓宽非物质文化遗产的传播渠道，提高其知名度和影响力。在传统的传播方式下，非物质文化遗产往往局限于特定的地域或社群内部，难以被更广泛的人群所了解和欣赏。然而，通过知识产权许可与转让机制，非物质文化遗产可以被转化为各种形式的文

化产品，如影视作品、音乐作品、图书等，并通过市场渠道进行广泛传播。例如，一个传统的民族舞蹈可以通过著作权许可的方式被改编成一部电影或舞台剧，从而在全球范围内进行放映和演出。这种传播方式不仅提高了非物质文化遗产的知名度，而且使其能够跨越地域和文化的界限，被更多的人了解和欣赏。同时，知识产权转让机制也使得非物质文化遗产能够更容易地进入国际市场，与其他国家的文化进行交流和融合。

（二）保障非物质文化遗产权利人的合法权益

知识产权许可与转让机制在非物质文化遗产保护中，还起到确保权利人获得合理报酬的重要作用。这一机制通过明确权利人对非物质文化遗产所享有的知识产权，并为其提供了合法获取经济收益的途径。当非物质文化遗产被商业化利用时，权利人可以通过许可或转让其知识产权来获得相应的报酬。在知识产权许可中，许可人和被许可人会就许可费用、许可期限、使用方式等条款进行协商，并签订书面的许可合同。这样，权利人可以根据自己的意愿和市场需求来合理地确定许可费用，从而确保其获得合理的经济回报。在知识产权转让中，转让人和受让人也会就转让费用、转让条件等条款进行协商，并签订书面的转让合同。通过转让合同，权利人可以一次性地获得其知识产权的全部或部分经济收益。此外，知识产权许可与转让机制还通过提供法律保障，确保了权利人在商业化利用过程中的合法权益不受侵犯。当权利人的知识产权被侵权时，他们可以通过法律途径来维护自己的权益，并要求侵权者承担相应的法律责任。

知识产权许可与转让机制一起防止非物质文化遗产被侵权或滥用。在非物质文化遗产商业化利用过程中，由于其独特的文化价值和市场需求，往往容易成为侵权者瞄准的目标。然而，通过知识产权许可与转让机制，权利人可以将其知识产权进行合法注册和登记，从而获得法律的保护。当权利人将其非物质文化遗产相关的知识产权进行注册或登记后，他们就获得了对该知识产权的专有权或独占权。这意味着未经权利人的许可或授权，其他人不得擅自使用或复制该知识产权。一旦有人侵犯了权利人的知识产权，权利人可以通过法律途径来追究其侵权责任，并要求其停止侵权、赔偿损失等。同时，知识产权许可与转让机制还通过明确权利人和被许可人或受让人之间的权利义务关系，防止了非物质文化遗产被滥用。在许可或转让合同中，双方会就使用方式、使用期限、保密义务等条款进行明确约定。这样，被许可人或受让人在使用非物质文化遗产时，必须遵守合同的约定，不得擅自改变其使用方式或超出约定的使用范围；否则，他们可能构成违约，并承担相应的法律责任。

第四节　利益分享机制的法律构建

一、利益分享机制的基本概念与原则

（一）利益分享机制的定义

利益分享机制作为一种制度安排，其核心在于在非物质文化遗产商业化利用过程中，确保相关利益方之间能够合理地分配由此产生的经济收益。这一机制旨在平衡非物质文化遗产传承人、投资者、开发者等多方利益，促进非物质文化遗产的可持续利用与发展。利益分享机制涉及对非物质文化遗产商业化利用过程中所产生的经济收益进行识别、评估、分配和监管的一系列规则和程序。它要求在所有参与商业化利用的利益方之间建立一种公平、合理且可持续的收益分配关系，以确保非物质文化遗产的价值得到充分体现，同时保障各利益方的合法权益。

（二）利益分享机制的原则

公平原则是利益分享机制的核心基石。在非物质文化遗产商业化利用过程中，各利益方所扮演的角色和所做出的贡献各不相同。因此，利益分享机制应基于公平原则，确保每个利益方都能根据其实际贡献获得相应的经济收益。对于非物质文化遗产传承人而言，他们是非物质文化遗产的创造者和守护者，其技艺和表演是非物质文化遗产商业化利用的基础。因此，传承人应享有与其贡献相匹配的收益分配权。同时，投资者和开发者在商业化利用过程中也发挥了重要作用，他们提供了资金、技术和市场渠道等关键资源。因此，利益分享机制也应确保他们获得合理的回报。

可持续原则是利益分享机制必须遵循的重要原则之一。非物质文化遗产商业化利用不应以牺牲其长期传承和发展为代价。相反，利益分享机制应促进非物质文化遗产的可持续利用，确保其在未来能够继续为人类社会带来文化价值和经济效益。为了实现这一目标，利益分享机制应鼓励传承人积极参与商业化利用过程，并通过合理的收益分配激励他们继续传承和发展非物质文化遗产。同时，机制还应确保商业化利用活动不会对非物质文化遗产造成不可逆转的损害，如过度商业化、文化失真等。

透明原则是利益分享机制有效运行的关键保障。为了确保各利益方能够清晰地了解收益分配过程和结果，利益分享机制应具有高度的透明度。这要求机制应建立明确的收益分配规则和程序，并确保这些规则和程序得到公开、公正的执行。同时，机制还应提供有效的监管和申诉渠道，以便各利益方在收益分配过程中遇到问题时，能够及时寻求帮助和解决方案。通过增强透明度，利益分享机制可以建立信任、减少冲突，并促进非物质文化遗产商业化利用的健康发展。

二、非物质文化遗产商业化利用中的利益关系分析

（一）非物质文化遗产传承人的利益

非物质文化遗产传承人作为传统文化的承载者和传播者，其经济权益在商业化利用中显得尤为重要。通过商业化利用，传承人可以将自身的技艺、知识和经验转化为经济收益，从而改善生活条件，提高社会地位。这种经济收益的获得，不仅是对传承人个人劳动的肯定，而且是对其所承载的非物质文化遗产价值的认可。在商业化利用过程中，传承人可以通过出售手工艺品、表演传统艺术、提供文化咨询服务等方式获得经济收益。这些收益不仅可以直接用于传承人的生活支出，而且可以用于支持其开展更多的传承活动，如举办培训班、传授技艺给年轻一代等。因此，确保传承人在商业化利用过程中获得合理的经济收益，对于激励其积极参与非物质文化遗产的保护和传承具有重要意义。除了经济权益，传承人在商业化利用过程中还享有重要的文化权益。这主要体现在传承人有权维护其文化身份，确保非物质文化遗产在商业化利用过程中不被歪曲或滥用。传承人作为非物质文化遗产的创造者和守护者，对于其所承载的文化有着深厚的情感和认同感。因此，在商业化利用过程中，必须尊重传承人的文化权益，确保其文化身份得到彰显和尊重。同时，传承人还享有传承和发展非物质

文化遗产的权益。这意味着传承人有权决定其技艺或知识的传授方式、范围和对象，以确保非物质文化遗产得到真实、完整的传承。在商业化利用过程中，应鼓励传承人积极参与，通过创新和发展，使非物质文化遗产焕发新的生机和活力。

（二）投资者的利益

投资者在非物质文化遗产商业化利用过程中扮演着重要的角色。他们提供资金、技术和市场渠道等资源，支持非物质文化遗产的开发和利用。因此，投资者期望通过商业化利用获得合理的投资回报。投资回报的期望是投资者参与非物质文化遗产商业化利用的基本动力。只有当投资者看到其投资能够带来可观的经济收益时，他们才愿意继续投入更多的资源。因此，在商业化利用过程中，应确保投资者能够获得与其投资风险相匹配的回报，以激励其积极参与非物质文化遗产的保护和开发。投资者在非物质文化遗产商业化利用过程中还需要考虑风险控制因素。由于非物质文化遗产的特殊性和复杂性，其商业化利用过程中存在诸多不确定性和风险。例如，市场风险、法律风险、文化风险等都可能对投资者的利益造成损害。因此，投资者在参与非物质文化遗产商业化利用时，需要谨慎评估风险，制定合理的风险控制策略。同时，政府和相关机构也应提供必要的法律和政策支持，为投资者创造良好的投资环境，降低其投资风险。

（三）开发者的利益

开发者在非物质文化遗产商业化利用过程中发挥着创新和开发的作用。他们通过运用现代科技手段和市场理念，对非物质文化遗产进行创新性开发和利用，使其更符合市场需求和消费者口味。这种创新和开发不仅为非物质文化遗产注入了新的活力，而且为开发者带来了可观的经济收益。开发者通过创新和开发非物质文化遗产获得的经济收益，可以用于支持其继续开展更多的创新活动，推动非物质文化遗产的现代化和产业化发展。同时，这些收益也可以用于回馈社会，支持非物质文化遗产的保护和传承工作。在商业化利用过程中，开发者还需要保护其知识产权。由于非物质文化遗产的特殊性，其开发和利用过程中往往涉及大量的知识产权问题。例如，开发者可能需要对其所创作的文化产品进行著作权登记，以防止被侵权或滥用。因此，政府和相关机构应加强对非物质文化遗产知识产权的保护力度，完善相关法律法规和政策措施。同时，开发者也应提高自身的知识产权意识，积极采取措施保护其创新成果与合法权益。只有这样，才能确保非物质文化遗产商业化利用的健康发展，为各方利益提供有力的保障。

三、利益分享机制的法律构建路径

（一）利益分享协议的制定与实施

利益分享协议作为非物质文化遗产商业化利用过程中各利益方之间分配收益的法律基础，其内容的明确性至关重要。协议应详细规定各利益方的权利、义务以及收益分配的具体方式，以确保各方在商业化利用过程中的权益得到充分保障。协议应明确非物质文化遗产传承人、投资者、开发者等各方的身份和地位，以及他们在商业化利用过程中扮演的角色和承担的责任。同时，协议还应详细地阐述收益分配的原则、方法和程序，包括收益的计算方式、分配比例、支付时间等，以确保收益分配的公平、合理和透明。利益分享协议一旦签订，即具有法律约束力。这意味着各方必须严格遵守协议约定，履行自己的义务，并享有相应的权利。如果任何一方违反协议约定，其他方有权依法追究其法律责任，维护自己的合法权益。为了确保利益分享协议的法律效力，协议在制定过程中应遵循相关法律法规的规定，确保其内容的合法性和有效性。同时，协议在签订前应经过充分的协商和讨论，确保各方对协议内容达成共识，并自愿接受协议的约束。

（二）法律框架下的利益分享模式

固定比例分享模式是一种简单明了的利益分享方式。在这种模式下，各利益方按照事先约定的比例分配收益，无论商业化利用的实际效果如何，分配比例都保持不变。这种模式的优点在于简单易行，易于操作和管理。然而，其缺点也在于缺乏灵活性，无法根据商业化利用的实际情况和各利益方的贡献来动态地调整收益分配比例。因此，在适用固定比例分享模式时，应充分考虑非物质文化遗产的特性和商业化利用的实际情况，确保分配比例的合理性和公平性。动态调整分享模式是一种相对灵活的利益分享方式。在这种模式下，收益分配比例不是固定不变的，而是根据非物质文化遗产商业化利用的实际情况和各利益方的贡献进行动态调整。这种模式的优点在于能够充分地反映各利益方在商业化利用过程中的实际贡献和风险承担情况，确保收益分配的公平性与合理性。同时，它也能够激励各方积极参与非物质文化遗产的保护和传承工作，推动非物质文化遗产的可持续发展。然而，动态调整分享模式的实施需要相对复杂的监管和执行机制来保障其有效运行。

（三）利益分享机制的监督与执行

为了确保利益分享机制的有效运行，必须建立相应的监督机制。监督机制应包括政府监管、社会监督和行业自律等多个层面，以确保各方遵守协议约定，合理分配收益。政府监管是监督机制的重要组成部分。政府应加强对非物质文化遗产商业化利用的监管力度，制定相关法规和政策，明确各方的权利和义务，确保利益分享机制的合法性和有效性。同时，政府还应建立健全的监管机构和执法队伍，加强对商业化利用活动的监督检查和执法力度。社会监督也是监督机制的重要一环。社会各界应积极参与非物质文化遗产的保护和传承工作，对商业化利用活动进行监督和评价。通过媒体曝光、公众举报等方式，揭露和打击违法违规行为，维护非物质文化遗产的合法权益。行业自律是监督机制的内在要求。相关行业组织应加强对会员单位的管理和约束，制定行业规范和标准，引导会员单位遵守法律法规和协议约定，推动非物质文化遗产的可持续发展。为了确保利益分享机制的有效执行，必须采取相应的执行措施。这些措施应包括法律诉讼、仲裁等司法手段，以解决利益分享过程中的纠纷和冲突。当利益分享过程中发生纠纷时，各方应首先通过协商和调解等方式寻求解决途径。如果协商和调解无法达成一致意见，那么各方可以依法向有关机构申请仲裁或提起诉讼。仲裁机构和法院应依法受理并公正裁决纠纷案件，维护各方的合法权益。同时，为了加强执行措施的保障力度，政府还应建立健全的信用体系和失信惩戒机制。对于违反协议约定和法律法规的行为，应依法予以处罚和惩戒，并将其纳入信用体系进行联合惩戒。通过加大失信成本和提高违法违规行为的代价，有效地遏制违法违规行为的发生，保障利益分享机制的有效运行。

四、利益分享机制在非物质文化遗产保护中的作用

（一）激励非物质文化遗产的传承与创新

利益分享机制在非物质文化遗产保护中发挥着至关重要的作用，其中之一便是提高传承人的积极性。非物质文化遗产传承人作为这些宝贵文化遗产的承载者和传递者，他们的参与和热情对于非物质文化遗产的保护和传承至关重要。通过利益分享机制，传承人可以直接从非物质文化遗产商业化利用中获得经济收益。这种经济激励不仅改善了传承人的生活条件，而且增强了他们对自己所承载文化的认同感和自豪感。当传承人看到自己的努力能够带来实际的经济回报时，他们更愿意投入时间和精力去学习和传承这些非物质文化遗产，从而推动了非物质文化遗产的积极传承。此外，利益分享机制还通过提供资金和资源支持，帮助传承人开展更多的传承活动。这些活动可能包括举办培训班、传授技艺给年轻一代、参与文化交流等，都有助于非物质文化遗产的广泛传播和深入传承。

利益分享机制不仅激励了传承人的积极性，而且促进了非物质文化遗产的创新与发展。在商业化利用过程中，开发者通常需要对非物质文化遗产进行创新性的开发和改编，以使其更符合市场需求和消费者口味。然而，这种创新往往需要大量的资金和资源投入，以及承担一定的市场风险。利益分享机制为开发者提供了经济上的保障和激励。通过分享商业化利用所带来的收益，开发者可以获得合理的投资回报，从而更愿意投入更多的资源和精力进行创新和开发。这种创新不仅体现在对非物质文化遗产的表现形式和传播方式的创新上，而且可能涉及对非物质文化遗产本身的内涵和价值的深入挖掘和拓展。同时，利益分享机制还鼓励开发者与传承人、投资者等其他利益方进行合作和交流，共同推动非物质文化遗产的现代化和多样化发展。这种合作和交流有助于汇聚各方的智慧和力量，形成创新合力，推动非物质文化遗产在保护中传承、在传承中创新。

（二）平衡各利益方的权益关系

在非物质文化遗产商业化利用过程中，各利益方之间往往存在着一定

的利益冲突。例如，传承人可能担心商业化利用会损害非物质文化遗产的纯正性和原真性，投资者可能追求最大的经济收益而忽视了对非物质文化遗产的保护和传承，开发者可能在创新和开发过程中侵犯了传承人的知识产权等。利益分享机制通过明确各利益方的权利、义务和收益分配方式，有效地协调了这些利益冲突。它确保了传承人在商业化利用过程中的经济和文化权益得到保障，同时为投资者和开发者提供了合理的投资回报和创新激励。这种平衡和协调有助于各利益方在商业化利用过程中形成共识与合力，共同推动非物质文化遗产的保护和传承。利益分享机制不仅协调了各利益方之间的利益冲突，而且促进了他们之间的合作共赢。在非物质文化遗产商业化利用过程中，各利益方之间存在着相互依赖和相互促进的关系。传承人提供了非物质文化遗产的核心资源和技艺，投资者提供了资金和市场渠道，开发者提供了创新和技术支持。通过利益分享机制，各利益方可以共享商业化利用带来的收益和成果。这种共享不仅体现在经济收益上，而且体现在文化价值的传播和提升上。各利益方在合作中实现了互利共赢，共同推动了非物质文化遗产的可持续发展。总之，利益分享机制在非物质文化遗产保护中发挥着至关重要的作用。它通过提高传承人的积极性、促进创新与发展、协调利益冲突和促进合作共赢等方式，有效地推动了非物质文化遗产的保护和传承工作。在未来的实践中，我们应进一步地完善利益分享机制的法律构建和实施效果，为非物质文化遗产的保护和传承提供更加有力的保障和支持。

第六章　非物质文化遗产的数字化保护与法律挑战

第一节　数字化保护的技术手段与优势

一、数字化保护的技术手段

（一）数字化采集技术

音频采集是非物质文化遗产数字化保护的基础环节之一。针对非物质文化遗产中的音乐、戏曲、口头传说等音频内容，专业音频设备的使用至关重要。这些设备包括高保真录音机、麦克风、音频接口等，它们能够确保录音的高质量和清晰度。在音频采集过程中，技术要求尤为严格。首先，需要选择合适的录音环境，避免噪声和回声的干扰。其次，要根据不同的音频内容调整麦克风的类型和位置，以捕捉到最佳的声音效果。最后，通过音频编辑软件进行后期处理，如降噪、均衡、压缩等，进一步提升录音质量。

视频采集是非物质文化遗产可视化记录的重要手段。利用高清摄像机，可以对非物质文化遗产中的舞蹈、仪式、手工艺制作过程等进行全方位、多角度的视频记录。在视频采集过程中，需要注重摄像机的稳定性和画面构图的美感。同时，要根据不同的场景和内容选择合适的拍摄角度和光线条件，以确保视频的清晰度和表现力。此外，还可以利用无人机、稳定器等辅助设备，拓展拍摄视角和增强画面稳定性。

图像采集是非物质文化遗产实物、文献、图案等内容的数字化记录方式。通过数字相机或扫描仪，可以对这些内容进行高精度图像捕捉。在图像采集过程中，需要注重图像的分辨率和色彩准确性。对于实物和文献，要选择合适的拍摄角度和光线条件，以确保图像的清晰度和细节表现。对于图案和设计，要利用扫描仪的高分辨率功能，确保图像的精细度和还原度。

（二）数字化处理技术

音频编辑软件在非物质文化遗产音频资料处理中发挥着重要作用。通过降噪、剪辑、混音等技巧，可以对原始录音进行后期处理，提升音频质量。降噪技术可以有效地去除录音中的背景噪声和杂音，使音频更加纯净；剪辑技术可以对音频进行切割和拼接，满足不同的编辑需求；混音技术可以将多个音频轨道进行合成，创造出丰富的音效效果。此外，音频修复技术对于恢复老旧音频资料具有重要意义。出于历史原因，一些非物质文化遗产的音频资料可能存在损坏或音质不佳的问题。通过音频修复技术，可以对这些音频进行修复或增强，使其重新焕发出生命力。

视频编辑软件在非物质文化遗产视频资料整理中同样发挥着重要作用。通过剪辑、合成、特效添加等技巧，可以对原始视频进行后期处理，提升视频的表现力和观赏性。剪辑技术可以对视频进行切割、拼接和调整顺序，创造出流畅的故事情节；合成技术可以将多个视频轨道进行合成，实现画面叠加和特效处理；特效技术可以为视频添加各种视觉效果和动画元素，增强视频的视觉冲击力和艺术感染力。

图像处理软件在非物质文化遗产图像资料优化中发挥着关键作用。通过色彩调整、细节增强、图像修复等技巧，可以对原始图像进行后期处理，提升图像的质量和美感。色彩调整技术可以改变图像的整体色调与饱和度，使其更加符合视觉审美需求；细节增强技术可以突出图像中的细节部分，使其更加清晰和生动；图像修复技术可以对图像中的瑕疵和损坏部分进行修复和填补，使其恢复完整和美观。

（三）数字化存储与管理技术

数据库设计要合理规范，确保数据的完整性和一致性；数据录入要准确无误，避免数据错误和遗漏；数据检索要快速便捷，满足用户的不同查询需求。通过建立数据库，可以实现非物质文化遗产数字化资料的集中存储和统一管理。这不仅有利于数据的长期保存和传承，而且有利于数据的共享和利用。同时，数据库还可以为非物质文化遗产的研究、保护和传播提供有力的支持。

云存储技术在非物质文化遗产数字化资料长期保存中发挥着重要作用。通过云存储技术，可以将数字化资料上传到云端服务器进行存储和管理，实现数据的远程访问和共享。在制定数据备份策略时，要考虑数据的安全性和可靠性。可以采用定期备份、增量备份和差异备份等方式，确保数据的完整性和可恢复性。同时，要加强对云端服务器的安全防护和管理，防止数据泄露和非法访问。

数字化资产管理系统在非物质文化遗产数字化资料高效管理中发挥着重要作用。通过资产登记功能，可以对数字化资产进行全面梳理和分类管理；通过权限管理功能，可以控制不同用户对数字化资产的访问和使用权限；通过版本控制功能，可以追踪数字化资产的修改历史和版本变化。数字化资产管理系统的应用，可以提高非物质文化遗产数字化资料的管理效率和利用价值。它可以为非物质文化遗产的保护、传承和研究提供有力的支撑，推动非物质文化遗产的数字化进程和可持续发展。

二、数字化保护的优势

（一）提高保护效率与广度

传统的非物质文化遗产传播方式往往受限于地域、时间和传播媒介，难以实现广泛传播。而数字化技术打破了这些限制，使得非物质文化遗产可以以数字形式快速复制，并通过互联网、移动设备等渠道进行广泛传播。这种传播方式不仅速度快、范围广，而且能够跨越地域和文化的界限，让更多的人了解非物质文化遗产的魅力。数字化技术可以将非物质文化遗产转化为数字文件，如音频、视频、图像等，这些文件可以通过网络迅速传播到世界各地。同时，数字化技术还使得非物质文化遗产的复制变得非常简单和快捷，大大提高了复制效率。这种快速复制和传播的能力，对于非物质文化遗产的普及和推广具有重要意义。

传统的非物质文化遗产存储方式往往依赖于纸质文献、实物等载体，这些载体不仅占用空间大，而且容易受损和丢失。而数字化存储技术则可以将非物质文化遗产转化为数字数据，存储在计算机或云服务器上，大大节省了存储空间，并提高了存储的安全性。同时，数字化存储技术还使得非物质文化遗产资料的检索变得非常方便。通过数据库管理系统或搜索引擎，用户可以快速找到所需的非物质文化遗产资料，无需在大量的纸质文献或实物中翻找。这种便捷的存储和检索方式，对于非物质文化遗产的研究、保护和传承具有重要意义。

（二）增强保护效果与可持续性

数字化处理技术可以实现对非物质文化遗产的高质量还原和展示，提升观众体验。通过音频编辑、视频编辑和图像处理等技术，可以对非物质文化遗产进行数字化修复、增强，使其更加清晰、生动和具有吸引力。这种高质量的还原和展示方式，不仅可以让观众更加直观地了解和欣赏非物质文化遗产，而且可以增强观众对非物质文化遗产的认同感和保护意识。例如，在数字化展示中，可以利用虚拟现实、增强现实等技术，将非物质文化遗产以三维立体的形式呈现出来，让观众身临其境感受非物质文化遗产的魅力。这种创新的展示方式，不仅可以提升观众的体验感受，而且可以激发观众对非物质文化遗产的兴趣和热爱。

传统的非物质文化遗产存储方式往往容易受到自然环境、人为因素等的影响，导致资料的损坏和丢失。而数字化存储技术则可以将非物质文化遗产转化为数字数据，存储在计算机或云服务器上，只要数据得到妥善管理和备份，就可以实现长期保存。同时，数字化存储技术还使得非物质文化遗产的传承变得更加容易。通过数字化技术，可以将非物质文化遗产的资料和技艺以数字形式传递给后代，让后代能够学习和继承这些宝贵的文化遗产。这种传承方式不仅打破了时间和空间的限制，而且可以让更多的人接触和学习非物质文化遗产，从而推动非物质文化遗产的传承和发展。

（三）促进文化交流与创新

数字化技术为非物质文化遗产搭建了跨文化交流的平台，促进了不同文化之间的理解和尊重。通过数字化技术，可以将不同地区的非物质文化遗产进行数字化展示和传播，让世界各地的人们都能够了解和欣赏到这些宝贵的文化遗产。这种跨文化的交流方式，不仅能够增进不同文化之间的了解和友谊，而且能够促进文化的多样性和包容性。同时，数字化技术还可以为非物质文化遗产的保护和研究提供国际合作的机会。通过数字化技术，不同国家的学者和研究机构可以共享非物质文化遗产的资料和研究成果，共同推动非物质文化遗产的保护和发展。这种国际合作的方式，不仅可以提高非物质文化遗产的保护效率和质量，而且可以推动文化的创新和发展。

数字化技术激发了非物质文化遗产的创新活力，推动了其与现代科技、艺术等领域的融合与发展。通过数字化技术，可以将非物质文化遗产的元素和技艺融入现代科技、艺术等领域中，创造出新的文化产品和艺术形式。这种创新发展的方式，不仅可以丰富人们的文化生活，而且可以推动文化的传承和创新。例如，在数字艺术领域，可以利用数字化技术将非物质文化遗产的图案、色彩等元素融入数字艺术作品中，创造出具有独特魅力的数字艺术作品。同时，可以利用数字化技术将非物质文化遗产的技艺和表演形式与现代科技相结合，创造出新的表演艺术和娱乐形式。这种创新发展的方式，不仅为非物质文化遗产的保护和传承提供了新的思路和途径，而且推动了文化的多样性和创新性发展。

第二节　数字化过程中的版权问题

一、非物质文化遗产数字化与版权的关联性

（一）非物质文化遗产的版权属性

非物质文化遗产作为人类文化多样性的重要组成部分，涵盖了传统音乐、舞蹈、戏曲、手工艺等多种表现形式。在这些表现形式中，许多元素或具体作品可能构成版权法意义上的作品。例如，传统音乐中的旋律、节奏、和声，舞蹈中的动作编排、服饰设计，戏曲中的剧本、唱腔、表演艺术，以及手工艺中的图案设计、制作工艺等，都可能具有独创性，并符合版权法对于作品的基本要求，即具有原创性、可复制性和表达性。在版权法框架下，这些构成作品的非物质文化遗产元素或表现形式，可以享有版权法赋予的各项权利，包括复制权、发行权、表演权、广播权、信息网络传播权等。这意味着，未经权利人许可，他人不得擅自复制、传播或利用这些作品进行商业活动。

版权法的原则和精神在非物质文化遗产保护中具有重要的应用价值。版权法通过赋予创作者对其作品的控制权，鼓励创作和创新，促进文化的繁荣和发展。这一原则同样适用于非物质文化遗产的保护，通过法律手段保护传承人的权益，激励他们继续传承和发展非物质文化遗产。版权法为非物质文化遗产提供了法律保护框架，主要体现在对非物质文化遗产中构成作品的元素或表现形式的保护上。当这些元素或表现形式被以有形形式固定下来，并符合版权法的作品要求时，它们就可以受到版权法的保护。这意味着，任何未经授权的复制、传播、改编等行为都可能构成对版权的侵犯，权利人可以依法追究侵权者的法律责任。

（二）数字化对版权保护的影响

数字化技术的出现和发展，使得非物质文化遗产的复制和传播变得极为便捷。通过数字化技术，非物质文化遗产可以被轻松地转化为数字形式，如音频、视频、图像等，并通过互联网、移动设备等渠道进行广泛传播。这种便捷性极大地促进了非物质文化遗产的传播和普及，但同时对版权保护提出了新的挑战。数字化技术的复制和传播便捷性，使得非物质文化遗产的版权更易受到侵犯。一方面，数字化技术使得复制行为变得非常简单和快捷，任何人都可以轻松地复制和传播非物质文化遗产的数字形式；另一方面，互联网和移动设备的普及，使得这些数字形式可以迅速地传播到世界各地，增加了版权被侵犯的风险。在数字化环境下，非物质文化遗产的版权更易受到侵犯。由于数字化技术的便捷性和互联网的开放性，未经授权的复制、传播、改编等行为变得更加容易和普遍。这些行为不仅侵犯了权利人的版权，而且损害了非物质文化遗产的传承和发展。数字化环境下的版权侵权可能表现为多种形式。例如，有人可能未经授权地将非物质文化遗产的数字形式上传到互联网上，供他人免费下载或观看；有人可能擅自对非物质文化遗产进行改编或演绎，并以自己的名义进行传播；还有人可能利用非物质文化遗产的数字形式进行商业活动，如制作和销售衍生品等。这些行为都构成了对版权的侵犯，需要依法进行追究和处罚。

二、数字化过程中版权问题的具体表现

（一）版权归属的模糊性

在版权归属上，这种关系表现为传承人与群体版权界定的模糊性。一方面，个体传承人作为非物质文化遗产的直接承载者和传播者，其表演、技艺或创作往往具有独特的个人风格，理应享有相应的版权权益。另一方面，非物质文化遗产作为群体智慧的结晶，其形成和发展离不开相关群体的共同参与和贡献，因此群体也应对其享有某种形式的版权权益。然而，在实际操作中，如何界定传承人与群体之间的版权权益是一个棘手的问题。这涉及对非物质文化遗产本质的理解，即它是更偏向于个体的创作还是群体的共同财产。目前，法律界和学术界对此尚无统一的认识和规定，导致在版权归属上存在争议和模糊性。为了解决这个问题，需要深入研究非物质文化遗产的传承机制，明确传承人与群体在版权归属上的权利和义务，以建立公平合理的版权制度。

非物质文化遗产中不乏集体创作的作品，如民间歌谣、舞蹈、戏曲等。这些作品往往由多个创作者共同参与创作，每个人都在其中贡献了自己的智慧和才华。然而，在版权归属上，集体创作作品面临着如何处理不同创作者之间版权关系的问题。一般来说，集体创作作品的版权应归属于所有参与创作的个体共同所有。但在实际操作中，出于创作者人数众多、身份不明或难以联系等原因，往往难以确定具体的版权归属。此外，即使能够确定版权归属，如何分配版权权益也是一个复杂的问题。为了解决这个问题，需要建立完善的集体创作作品版权登记和分配机制，明确每个创作者的版权权益和分配比例，以保障他们的合法权益。

（二）版权使用的规范性缺失

在非物质文化遗产数字化使用过程中，授权机制的完善是保障版权权益的重要环节。然而，目前数字化使用的授权机制尚不健全，存在诸多问题。一方面，非物质文化遗产的版权归属模糊导致授权主体不明确，难以进行有效的授权。另一方面，数字化技术的快速发展使得非物质文化遗产的传播范围日益扩大，但相应的授权机制却未能跟上步伐，导致授权过程

烦琐、效率低下。为了建立完善的授权体系，需要明确非物质文化遗产的版权归属和授权主体，制定简洁高效的授权流程，并加强对授权过程的监管和执法力度。同时，需要加强对数字化技术的研究和应用，以适应非物质文化遗产数字化保护的需求。数字化产品的易复制性和易传播性，使得版权标识成为保护版权权益的重要手段。然而，目前数字化产品的版权标识往往不明确或缺乏规范性，导致消费者难以识别产品的版权信息，增加了版权侵权的风险。为了加强版权标识的规范性和可识别性，需要制定统一的数字化产品版权标识标准，明确标识的内容、形式和位置等要求。同时，需要加强对数字化产品的监管和执法力度，打击侵犯版权的行为，维护市场秩序和公共利益。

（三）版权侵权的多样性与复杂性

网络环境的开放性和匿名性使得非物质文化遗产的版权侵权行为更加多样和复杂。网络盗版、恶意链接等侵权行为层出不穷，严重损害了权利人的合法权益。网络盗版者往往通过非法复制和传播非物质文化遗产的数字化产品来获取利益，而恶意链接者则通过设置链接引导用户访问侵权网站或下载侵权产品。为了打击网络环境下的版权侵权行为，需要加强网络监管和执法力度，建立完善的网络版权保护机制。同时，需要加强对网络用户的教育和引导，提高他们的版权意识和法律意识，共同维护网络环境的健康和有序。由于非物质文化遗产具有跨地域、跨文化的特性，所以其数字化产品往往涉及多个国家和地区的版权权益。然而，不同国家和地区的版权法律制度和执法机制存在差异，导致跨境版权侵权的处理面临诸多困难。为了加强国际合作，需要建立跨境版权保护的合作机制，明确各国在跨境版权侵权处理中的责任和义务。同时，需要加强对国际版权法律制度的研究和应用，推动国际版权法律制度的完善和发展。此外，还需要加强对跨境版权侵权行为的监测和打击力度，维护国际版权秩序和公共利益。

三、数字化过程中版权问题的应对策略

（一）完善版权法律法规体系

随着数字技术的快速发展，非物质文化遗产的数字化保护面临着前所

未有的挑战。现有的版权法律法规在某些方面可能已无法完全适应这一新形势的需求。因此，修订现有版权法律法规，使其更加符合非物质文化遗产数字化保护的实际，显得尤为重要。修订工作应围绕非物质文化遗产的特性展开，明确其在数字化环境下的版权地位，细化版权归属、使用权限、侵权责任等关键条款。同时，应考虑数字化技术的特点，如复制、传播的高效性和广泛性，以及网络环境的复杂性，确保法律法规能够有效地应对这些新挑战。此外，修订过程还应充分听取专家学者、传承人、相关群体以及法律从业者的意见和建议，确保修订后的法律法规既具有科学性，又具有可操作性。鉴于非物质文化遗产的特殊性和重要性，制定专门的非物质文化遗产版权保护条例是十分必要的。这一条例应明确非物质文化遗产的版权归属原则，界定传承人与相关群体、集体创作作品等复杂情况下的版权关系。同时，应规定非物质文化遗产数字化使用的规范，包括授权机制、使用范围、使用方式等，以确保其数字化过程合法合规。此外，条例还应详细规定侵权行为的认定标准、处罚措施以及权利人的救济途径，为打击非物质文化遗产数字化过程中的版权侵权行为提供有力的法律依据。条例的制定应充分考虑国际版权法律制度的最新发展，确保我国非物质文化遗产版权保护制度与国际接轨。

（二）加强版权管理与执法力度

建立健全非物质文化遗产版权管理机构，是加强版权管理与执法力度的重要举措。第一，这一机构应负责非物质文化遗产版权的登记、管理、保护和维权等工作，具有明确的职责和运作机制。版权管理机构应建立完善的版权登记制度，确保非物质文化遗产的版权信息准确、完整。同时，应加强对版权使用情况的监管，及时发现并处理侵权行为。第二，还应建立版权维权机制，为权利人提供法律咨询、诉讼代理等服务，维护其合法权益。加大版权执法力度，是打击非物质文化遗产数字化过程中版权侵权行为的有效手段。执法部门应加强对网络环境的监管，利用技术手段监测和追踪侵权行为，及时发现并处理。同时，应加强与相关部门的协作配合，形成合力，共同打击侵权行为。在执法过程中，应严格遵循法律法规的规定，确保执法行为的合法性和公正性。对于构成犯罪的侵权行为，应依法追究刑事责任，形成有效的震慑力。第三，还应加强对执法人员的培训和教育，提高其业务水平和执法能力。

（三）提升公众版权意识与素养

开展版权宣传教育活动，是提高公众对非物质文化遗产版权保护认识和重视程度的有效途径。宣传活动应通过多种渠道和形式进行，如举办讲座、展览、演出等，让公众了解非物质文化遗产的重要性和版权保护的意义。同时，应加强对青少年的版权教育，将其纳入学校课程体系，培养青少年的版权意识和法治观念。此外，还应利用媒体和网络平台等渠道，广泛传播版权保护的知识和理念，营造全社会尊重版权、保护版权的良好氛围。加强版权专业人才的培养，为非物质文化遗产数字化保护提供有力的智力支持，是提升公众版权意识与素养的重要方面。应鼓励高校和科研机构开设版权法相关专业或课程，培养具有专业知识和实践经验的版权人才。同时，应加强对在职人员的培训和教育，提高其业务水平和专业素养。此外，还应建立版权人才库，为非物质文化遗产数字化保护提供人才支持和智力保障。通过这些措施，可以不断提升公众对非物质文化遗产版权保护的认识和重视程度，为构建完善的非物质文化遗产法律保护机制奠定坚实的基础。

第三节　数字化资源的访问与共享法律框架

一、数字化资源访问与共享的基本原则

（一）合法性原则

在数字化资源访问与共享过程中，必须严格遵守国家版权法律法规，这是确保所有活动均在法律框架内进行的基本前提。版权法律是保护创作者智力成果、促进文化繁荣和发展的重要法律基础。对于非物质文化遗产的数字化资源而言，其往往涉及复杂的版权关系，包括传承人的个人版权、相关群体的集体版权等。因此，在数字化资源访问与共享过程中，必须首先明确版权归属，确保所有使用行为均获得合法授权，避免侵犯权利人的合法权益。数字化资源的提供者应确保其所提供的资源来源合法，未

侵犯任何第三方的版权。同时，在数字化资源传播和使用过程中，应严格遵守版权法关于复制、发行、表演、放映、广播、汇编、通过信息网络向公众提供等权利的规定，不得擅自开展未经授权的使用行为。此外，对于涉及跨境数字化资源共享的情况，还应遵守相关国际版权条约和协定，确保国际版权关系的和谐稳定。在数字化资源访问与共享中，应充分尊重非物质文化遗产权利人的知识产权和其他相关权益。非物质文化遗产是传承人及相关群体智慧和创造力的结晶，具有独特的文化价值和历史意义。因此，在数字化资源开发和利用过程中，必须充分尊重权利人的文化权益和经济利益。应确保数字化资源的开发和使用行为不会损害权利人的声誉和形象，不会歪曲或篡改非物质文化遗产的原始内容和形式。同时，在数字化资源商业利用过程中，应建立合理的利益分配机制，确保权利人能够获得与其贡献相匹配的经济回报。此外，还应加强对非物质文化遗产权利人的法律保护和司法救济，为其提供有效的法律保障和支持。

（二）公平性原则

数字化资源应提供平等的访问机会，确保所有用户都能在无歧视的基础上获取所需资源。这是实现文化公平和信息公平的重要体现。首先，在数字化时代，信息资源的获取和利用能力已经成为影响个人和社会发展的重要因素。因此，必须确保所有用户都能平等地访问和利用数字化资源，避免信息鸿沟的扩大和加剧。数字化资源提供者应确保其所提供的资源具有广泛的可达性和可用性，不设置不合理的访问障碍或限制。同时，应加强对数字化资源的宣传和推广，提高公众对数字化资源的认知度和利用率。其次，还应关注弱势群体的数字化资源需求，为其提供必要的支持和帮助，确保其能够平等地享受数字化带来的便利和益处。在数字化资源共享过程中，应建立合理的利益分配机制，确保各方利益得到均衡保障。这是实现文化可持续发展的重要基础。数字化资源的共享和利用涉及多个利益相关方，包括权利人、提供者、使用者等。因此，必须建立公平、透明、合理的利益分配机制，确保各方利益得到妥善处理和平衡。应明确数字化资源的产权归属和利益分配原则，确保权利人能够获得与其贡献相匹配的经济回报。同时，应加强对数字化资源提供者的监督和管理，确保其合法合规地提供资源和服务。最后，还应关注使用者的利益和需求，为其提供便捷、高效、优质的数字化资源服务。

（三）安全性原则

数字化资源在访问与共享过程中可能面临诸多数据安全风险，如数据泄露、篡改、丢失等。因此，必须采取有效的数据安全保护措施，确保数字化资源的安全性和可靠性。应加强对数字化资源的存储和管理，采用先进的数据加密技术和访问控制机制，确保数据在传输和存储过程中的安全性。同时，应建立完善的数据备份和恢复机制，确保在数据丢失或损坏时能够及时恢复和重建。此外，应加强对数字化资源使用行为的监控和审计，及时发现并处理潜在的数据安全风险。在数字化资源共享中，应严格保护用户隐私信息，防止隐私泄露和滥用。这是维护用户权益和尊严的重要体现。数字化资源的共享和利用涉及大量的用户个人信息和隐私数据，如用户身份、行为习惯、偏好等。因此，必须采取有效的隐私保护措施，确保用户隐私信息的安全性和保密性。应明确数字化资源共享中的隐私保护原则和责任义务，确保用户隐私信息不被非法收集、使用或泄露。同时，应加强对数字化资源提供者的监督和管理，要求其建立完善的隐私保护机制和流程。此外，还应加强对用户的隐私教育和宣传，提高其对隐私保护的认知和重视程度。

二、数字化资源访问与共享的法律框架构建

（一）访问权限的法律规定

公开访问意味着任何用户都可以在不经过特别授权的情况下访问和使用数字化资源。这种访问方式有助于促进文化的广泛传播和交流，但也可能带来版权侵权、隐私泄露等风险。因此，法律需要明确规定公开访问的界定标准，如资源的性质、用途、使用范围等，以确保公开访问的合法性与合规性。限制访问是指只有经过特定授权或满足一定条件的用户才能访问和使用数字化资源。这种访问方式有助于保护权利人的合法权益，防止资源的滥用和非法传播。法律应明确规定限制访问的具体条件和程序，如授权方式、使用期限、使用范围等，以确保限制访问的合法性和有效性。同时，在不同访问权限下，法律还规定了相应的法律义务和责任。对于公

开访问的资源，提供者应确保其合法性和真实性，不得侵犯他人的合法权益。对于限制访问的资源，用户应遵守授权协议和使用规定，不得超出授权范围使用或传播资源。违反这些规定将承担相应的法律责任。法律应明确规定访问权限的授予程序和条件，如授权主体、授权方式、使用期限等。同时，应确保权利人在授予和撤销访问权限过程中的权利和义务得到充分保障。权利人可以根据自身意愿和资源特性，选择适合的授权方式和条件。在授予访问权限时，权利人应与用户签订授权协议，明确双方的权利和义务。在撤销访问权限时，权利人应依法通知用户，并说明撤销原因和依据。用户应遵守授权协议和使用规定，不得在未经授权的情况下访问或使用资源。

（二）共享机制的法律规范

共享协议在数字化资源共享中起着至关重要的作用。它明确了资源提供者、用户和其他利益相关方之间的权利和义务关系，为资源的合法共享提供了法律保障。共享协议的主要内容包括资源的性质、用途、使用范围、使用期限、授权方式、费用支付、违约责任等。这些条款应具体、明确，具有可操作性。同时，法律应明确规定共享协议的实施方式，如协议的签订、执行、监督等。在制定和实施共享协议过程中，应充分考虑各方利益和需求，确保协议的公平性与合理性。对于违反共享协议的行为，法律应规定相应的法律责任和处罚措施，以维护协议的权威性和有效性。

法律应明确规定共享利益分配的原则和方法，如按贡献分配、按协议分配等。同时，应确保各方利益得到均衡保障，避免利益冲突和纠纷的发生。在共享利益分配过程中，应充分考虑资源提供者、用户和其他利益相关方的贡献和投入。对于资源提供者而言，应获得与其提供的资源价值相匹配的收益；对于用户而言，其应享受合理的资源使用权益；对于其他利益相关方而言，应获得与其参与程度相匹配的利益。为了保障共享利益的实现，法律还应规定相应的法律手段和措施。如建立共享利益分配机制、设立共享利益保障基金等。这些手段和措施应具体、可行，能够有效地保障各方利益的实现。

（三）跨境访问与共享的法律问题

不同国家和地区之间的法律制度存在差异，可能导致法律冲突和管辖争议的发生。因此，法律需要明确规定跨境访问的法律适用原则和方法。一般来说，跨境访问数字化资源的法律适用应遵循国际私法的一般原则，如属地原则、属人原则、保护主义原则等。同时，应考虑数字化资源的特性和跨境访问的实际情况，制定具体的法律适用规则。如对于涉及版权问题的跨境访问，应适用版权法律的国际条约和协定；对于涉及隐私问题的跨境访问，应适用隐私保护的相关法律法规等。在解决法律冲突和管辖争议时，应充分考虑各方利益和需求，确保解决方案的公平性与合理性。同时，应加强国际司法合作与交流，共同应对跨境访问数字化资源带来的法律挑战。不同国家和地区之间的文化差异、法律制度差异以及技术发展水平差异等都可能影响跨境共享的实现。因此，需要通过国际合作与协调来克服这些障碍。国际合作与协调的方式可以多种多样，如签订国际条约和协定、建立国际合作机制、开展国际交流与合作项目等。这些方式应具体、可行，能够有效地促进跨境共享的实现。在合作过程中，应充分考虑各方利益和需求，确保合作方案的公平性与合理性。同时，应加强国际法律制度的对接与融合，为跨境共享提供有力的法律保障。此外，还应加强技术交流与合作，共同推动数字化技术的发展与应用，为跨境共享提供技术支持和保障。

三、数字化资源访问与共享的法律实施与监管

（一）法律实施机制

数字化资源访问与共享的法律框架构建完成后，其有效实施依赖于公众对相关法律法规的充分认知和理解。因此，加强法律法规的宣传与普及工作显得尤为重要。这不仅有助于提升公众的法律意识，而且能促进数字化资源访问与共享活动的合法合规进行。政府相关部门可以利用官方网站、社交媒体平台、新闻媒体等渠道，发布法律法规的正式文本、解读文章、宣传视频等内容，让公众能够方便快捷地获取相关信息。同时，可以组织法律讲座、培训班等活动，邀请专家学者为公众讲解法律法规的要点

和实际应用，提高公众的法律素养和实操能力。此外，为了增强宣传与普及的针对性和实效性，还可以针对不同群体制定差异化的宣传策略。例如，对于数字化资源的提供者和使用者，可以重点宣传其权利和义务、法律责任等内容；对于监管机构和相关部门，可以重点宣传监管职责、执法程序等内容。

法律实施效果的评估与反馈是优化和完善法律框架的重要环节。通过建立科学的评估机制，可以及时了解法律实施的实际情况，发现存在的问题和不足，为后续的改进提供有力的依据。评估机制应包括评估指标、评估方法、评估周期等要素。评估指标应涵盖法律实施的各个方面，如公众知晓率、合规率、违法率等；评估方法应采用定量分析和定性分析相结合的方式，确保评估结果的客观性和准确性；评估周期应根据法律实施的实际情况和需要进行设定，可以定期或不定期地进行评估。在评估过程中，应充分听取各方意见和建议，确保评估结果的全面性和公正性。评估结果应及时反馈给相关部门和机构，作为其改进工作的参考依据。同时，应将评估结果向社会公开，接受公众监督，提高法律实施的透明度和公信力。

（二）监管措施与责任追究

监管机构应具有独立的法律地位和明确的职责权限，能够依法对数字化资源的访问与共享活动进行监督管理。监管机构的职责应包括制定监管规则和标准、开展监督检查和执法活动、处理违法违规案件、提供法律咨询和指导等。在履行职责过程中，监管机构应遵循依法、公正、公开的原则，确保监管工作的合法性和有效性。同时，监管机构还应加强与其他相关部门和机构的协作配合，形成监管合力。例如，可以与版权管理部门、文化行政部门、公安机关等建立信息共享和联动机制，共同打击数字化资源访问与共享领域的违法行为。对于违反数字化资源访问与共享法律框架的行为，应依法进行责任追究。责任追究的原则应包括依法依规、公正公平、过罚相当等。责任追究的程序应包括立案调查、证据收集、事实认定、法律适用、处罚决定等环节。可能的法律责任类型包括民事责任、行政责任和刑事责任。对于侵犯他人合法权益的行为，应承担相应的民事责任，如赔偿损失、停止侵害等；对于违反行政管理秩序的行为，应承担相应的行政责任，如罚款、没收违法所得等；对于构成犯罪的行为，应承担相应的刑事责任，如拘役、有期徒刑等。在责任追究过程中，应充分保障当事人的合法权益，确保其享有陈述权、申辩权、听证权等权利。同时，应加强执法监督和社会监督，防止执法不公和滥用职权现象的发生。

第四节　数据安全与隐私保护的法律考量

一、数据安全与隐私保护的重要性

（一）数据安全对非物质文化遗产数字化的影响

数字化保护旨在将非物质文化遗产以数字形式记录下来，以便长期保存和广泛传播。然而，这一过程中产生的海量数据，如音频、视频、文本等，若未得到妥善保护，将面临诸多风险。数据安全对于保障数字化资源的完整性至关重要。完整性意味着数字化资源在存储、传输和处理过程中未被篡改或损坏，保持了其原始状态。这既是确保非物质文化遗产真实性和准确性的基础，也是后续研究和利用的前提。同时，数据安全还关乎数字化资源的真实性。真实性要求数字化资源能够真实反映非物质文化遗产的原貌，不包含虚假或误导性的信息。数据安全措施，如数据加密、访问控制等，可以有效地防止数据被恶意篡改或伪造，从而维护数字化资源的真实性。此外，数据安全还影响着数字化资源的可用性。可用性指的是数字化资源在需要时能够被及时、准确地获取和使用。若数据安全得不到保障，如数据丢失或损坏，将导致数字化资源无法正常使用，进而影响非物质文化遗产的传播和利用。

数据安全风险是非物质文化遗产数字化进程中必须面对的挑战。数据泄露、篡改、丢失等风险时刻威胁着数字化资源的完整性和真实性。数据泄露可能导致敏感信息被不法分子获取，进而用于非法目的。对于非物质文化遗产而言，这可能意味着传统技艺、民俗知识等被滥用或盗用，损害权利人的利益。数据篡改可能破坏数字化资源的真实性，使其失去研究价值。例如，恶意攻击者可能篡改数字化音频或视频文件，扭曲非物质文化遗产的原貌，误导公众对其的认知。数据丢失可能导致数字化资源无法恢复，造成不可估量的损失。无论是由于硬件故障、软件错误还是人为失误导致的数据丢失，都将对非物质文化遗产的数字化保护造成严重的影响。

（二）隐私保护在数字化共享中的必要性

隐私信息包括个人信息、商业秘密等，这些信息具有敏感性，一旦被泄露，可能对相关个人或组织造成严重损害。个人信息（如姓名、身份证号码、联系方式等）是每个人的私密信息。在非物质文化遗产的数字化记录和传播过程中，可能涉及参与者的个人信息。这些信息若被不当使用或泄露，可能导致个人隐私被侵犯，甚至引发身份盗用等严重后果。商业秘密是企业或其他组织的重要资产。在非物质文化遗产的数字化保护和利用过程中，可能涉及与商业秘密相关的技术信息、经营策略等。这些信息若被泄露，可能给企业带来经济损失和竞争优势的丧失。

隐私泄露对非物质文化遗产权利人的损害是多方面的。首先，名誉损失是隐私泄露可能带来的直接后果。个人信息或商业秘密的泄露可能导致权利人声誉受损，影响其社会形象和信誉。其次，经济损失也是隐私泄露可能带来的严重后果。对于个人而言，隐私泄露可能导致身份盗用、金融诈骗等风险增加；对于企业而言，商业秘密的泄露可能导致客户流失、市场份额下降等经济损失。因此，在非物质文化遗产的数字化保护和共享过程中，必须充分重视数据安全与隐私保护。通过加强法律法规建设、提高技术防护水平、加强监督和管理等措施，确保数字化资源的安全和隐私得到妥善保护。

二、数据安全与隐私保护的法律框架

（一）数据安全法律规定

数据安全法作为保障数据安全的基础性法律，其适用范围广泛，涵盖了数据收集、存储、使用、加工、传输、提供、公开等全生命周期的各个环节。在非物质文化遗产的数字化保护中，数据安全法同样适用，为数字化资源的完整性、保密性和可用性提供了法律保障。数据安全法遵循一系列基本原则，包括合法正当原则、目的明确原则、最小必要原则、公开透明原则等。这些原则要求数据控制者和处理者在处理数据时必须遵守法律法规，明确数据处理的目的和范围，仅收集和处理实现目的所必需的最少数据，并公开数据处理的相关信息，确保数据处理的透明度和可追溯性。数据安全管理制度是保障数据安全的重要措施。根据数据安全法的规定，数据控制者和处理者应当建立健全数据安全管理制度，包括数据分类分级保护制度、数据安全风险评估制度、数据安全应急响应机制等，以确保数据的安全可控。同时，数据安全法还明确了数据控制者和处理者在数据安全方面的法律责任。如果因违反数据安全法规定导致数据泄露、篡改、丢失等安全事件，数据控制者和处理者将承担相应的法律责任，包括民事责任、行政责任和刑事责任。

（二）隐私保护法律规定

在非物质文化遗产数字化过程中，涉及大量的参与者的个人信息，如姓名、肖像、声音等，以及可能涉及的商业秘密，如传统技艺的制作方法、配方等。《中华人民共和国个人信息保护法》规定了个人信息的收集、使用、处理、传输等规则，要求数据控制者和处理者必须遵循合法、正当、必要的原则，征得个人信息主体的同意，并采取必要的安全措施保护个人信息的安全。对于商业秘密的保护，相关法律也规定了严格的保密义务和侵权责任。如果因违反保密义务导致商业秘密泄露，侵权人将承担相应的法律责任。隐私泄露可能给权利人带来严重的损害，包括名誉损失、经济损失等。根据相关的法律规定，隐私泄露的法律责任类型包括民事责任、行政责任和刑事责任。权利人可以通过法律途径寻求救济，包括向有关部门投诉、提起诉讼等。在民事诉讼中，权利人可以要求侵权人承担赔偿责任，包括精神损害赔偿和经济损失赔偿等。在行政诉讼中，权利人可以对相关行政部门的违法行为提起行政诉讼，维护自己的合法权益。在刑事诉讼中，如果隐私泄露行为构成犯罪，那么侵权人将面临刑事处罚。

（三）跨境数据安全与隐私保护的法律问题

在非物质文化遗产数字化过程中，也可能涉及跨境数据传输的问题。为了保障跨境数据传输的安全性，相关法律对跨境数据传输进行了规范。根据法律规定，跨境数据传输必须进行数据出境安全评估，确保数据在出境后能够得到充分的保护。同时，国际数据传输协议也是保障跨境数据传输安全性的重要手段。通过签订国际数据传输协议，可以明确数据出境方和入境方的权利和义务，确保数据在跨境传输过程中的安全性与合规性。在跨境隐私保护中，加强国际合作与协调至关重要。鉴于不同国家和地区的法律制度存在差异，跨境隐私保护面临着诸多挑战。为此，各国需要加强合作，共同制定国际隐私保护标准和规则。可能的合作机制和协调方式包括建立国际隐私保护组织、签订国际隐私保护协议、开展国际隐私保护合作项目等。通过这些合作机制和协调方式，可以加强各国在跨境隐私保护方面的沟通与协作，共同应对跨境隐私保护面临的挑战和问题。同时，可以促进各国在隐私保护方面的技术交流与合作，推动隐私保护技术的创新和发展。

三、数据安全与隐私保护的实施策略

（一）技术措施与管理制度

数据加密通过对敏感数据进行编码处理，使得未经授权的人员无法读取或理解数据内容，从而有效地防止数据泄露和篡改。访问控制通过设置权限和身份验证机制，限制对数据的访问和操作，确保只有经过授权的人员才能访问和处理数据。具体实施时，可以采用先进的加密算法对数据进行加密存储和传输，同时结合访问控制列表、角色基访问控制等机制，对数据的访问权限进行精细化管理。此外，还可以采用多因素身份验证、生物识别等技术，提高访问控制的安全性和可靠性。在非物质文化遗产数字化保护中，应建立健全各项数据安全管理制度，包括数据分类分级制度、安全审计制度、应急响应机制等。数据分类分级制度可以根据数据的敏感程度和重要性，对数据进行分类和分级管理，确保不同级别的数据得到相应的保护。安全审计制度可以对数据的使用、处理、传输等过程进行记录和审计，及时发现并处理安全事件。应急响应机制可以在发生数据安全事件时，迅速地启动应急预案，采取有效的措施降低损失。

（二）法律合规与风险防控

法律合规性审查应重点关注数据收集、使用、处理、传输等环节的合法性，确保所有操作都符合相关法律法规的要求。具体实施时，可以邀请法律专家或机构进行合规性审查，对数字化过程中的法律风险进行评估和识别。同时，可以建立合规性审查机制，定期对数字化项目进行合规性审查，及时发现并纠正违规行为。为了降低数据安全与隐私保护风险，应构建完善的风险防控机制。风险防控机制包括风险评估、风险预警、风险应对等环节。风险评估是指可以对数字化过程中的数据安全与隐私保护风险进行评估和预测，识别潜在的风险点和风险因素。风险预警是指可以通过监测和预警系统，及时发现并报告风险事件，为风险应对提供时间窗口。风险应对是指可以根据风险评估和风险预警的结果，采取相应的措施降低或消除风险，确保数据安全与隐私保护。

（三）培训与意识提升

培训应涵盖数据安全与隐私保护的基本概念、法律法规、技术措施、管理制度等内容，确保相关人员能够全面了解并掌握数据安全与隐私保护的知识和技能。具体实施时，可以组织定期的培训课程或研讨会，邀请专家学者进行讲解和交流。同时，可以利用在线学习平台和自学材料，提供灵活多样的学习方式，满足不同人员学习需求。提升全社会对数据安全与隐私保护的意识，以及营造良好的数据安全与隐私保护文化，是确保数据安全与隐私保护长期有效的重要保障。具体实施时，可以通过宣传教育活动、媒体报道、公益广告等方式，提高公众对数据安全与隐私保护的认知度和重视程度。同时，可以鼓励企业、机构等建立数据安全与隐私保护文化，将数据安全与隐私保护纳入企业价值观和管理体系，形成全员参与、共同维护数据安全与隐私保护的良好氛围。

第七章 非物质文化遗产的法律保护机制创新

第一节 法律保护机制的创新路径

一、理念创新：树立全新的保护观念

（一）强化文化多样性的认识

文化多样性是人类文明重要特征，它体现了不同地域、不同民族、不同历史时期的文化差异和独特性。对于非物质文化遗产而言，文化多样性是其存在和发展的基石。非物质文化遗产承载着丰富的历史文化信息，是民族身份和文化认同的重要标志，其多样性不仅丰富了人类的文化生态，而且促进了文化的交流与相互借鉴。文化多样性对于非物质文化遗产保护的重要性不言而喻。首先，文化多样性是维护人类文化生态平衡的基础。每一种非物质文化遗产都是人类文化生态中的独特元素，它们相互依存、相互影响，共同构成了人类文化的多样性景观。如果忽视了文化多样性，那么会导致文化生态的失衡，甚至可能引发某些文化的消失。其次，文化多样性是非物质文化遗产创新发展的源泉。不同的文化背景和传统为非物质文化遗产提供了丰富的创作素材和灵感来源，促进了其不断创新和发展。如果文化趋于同质化，那么会扼杀非物质文化遗产的创新活力，使其失去发展的动力。在非物质文化遗产法律保护中，应树立尊重文化多样性的理念。这意味着在保护过程中，要充分认识到每一种非物质文化遗产的独特性和价值，尊重其文化背景和传统，避免用单一的文化标准来衡量和评价。同时，要避免文化同质化现象的发生。文化同质化是指不同文化在交流过程中，出于某种原因而逐渐趋于相似或一致的现象。在非物质文化遗产保护中，如果过度强调文化的统一性和规范性，那么可能导致文化的同质化，从而削弱其多样性和独特性。因此，在法律保护机制中，应明确

尊重文化多样性的原则，鼓励和支持不同文化背景下的非物质文化遗产的保护和传承，促进文化的多样性和繁荣发展。

（二）确立综合性的保护目标

非物质文化遗产具有多重价值，包括历史价值、文化价值、艺术价值、科学价值等。历史价值体现在非物质文化遗产是历史的见证和记录，是民族历史和文化传承的重要载体；文化价值体现在非物质文化遗产是民族文化的重要组成部分，是民族身份和文化认同的重要标志；艺术价值体现在非物质文化遗产独特的艺术表现形式和审美价值；科学价值体现在非物质文化遗产蕴含的科学知识和技术智慧。这些多重价值相互交织、相互影响，共同构成了非物质文化遗产的独特魅力和价值体系。因此，在保护非物质文化遗产时，应全面考虑其多重价值，确保保护的全面性和有效性。在法律保护机制中，应设定综合性的保护目标，涵盖非物质文化遗产的各个方面。这意味着在保护过程中，不仅要关注非物质文化遗产的本体保护，如传统技艺、传统表演艺术等，而且要关注其相关的文化环境和传承机制的保护。综合性保护目标的设定应体现以下四个方面：一是确保非物质文化遗产的真实性和完整性，保持其原有的文化内涵和表现形式；二是促进非物质文化遗产的传承和发展，确保其在现代社会中得以延续和创新；三是加强非物质文化遗产的传播和交流，提高其社会认知度和影响力；四是保障非物质文化遗产相关权益人的合法权益，激发其保护和传承的积极性。通过设定综合性的保护目标，可以全面、系统地保护非物质文化遗产的多重价值，促进其可持续发展和繁荣。同时，可以为法律保护机制的创新提供明确的方向和目标，推动非物质文化遗产法律保护工作的深入开展。

二、制度创新：完善法律保护体系

（一）构建多层次的法律框架

近年来，随着对非物质文化遗产保护意识的增强，国家相继出台了一系列相关法律法规，为非物质文化遗产保护提供了坚实的法律基础。这些立法不仅明确了非物质文化遗产的定义、分类和保护原则，而且规定了政府、社会团体和个人在保护非物质文化遗产中的责任和义务，具有基础性和指导性的意义。国家层面的立法保障为非物质文化遗产保护设定了总体框架和基本规范，为地方立法和具体保护措施提供了依据和方向。同时，国家立法还通过设立专项基金、提供税收优惠等激励措施，鼓励和支持非物质文化遗产的保护和传承工作。在地方层面，各地根据自身的实际情况和文化特色，制定了与国家立法相衔接和补充的地方性法规。这些法规在遵循国家立法原则的基础上，结合地方的非物质文化遗产资源和保护需求，对保护措施、传承机制、资金管理等方面进行了具体规定。地方层面的法规配套使得非物质文化遗产的保护更加贴近实际、更具可操作性。通过地方立法，各地可以更加有针对性地开展保护工作，确保非物质文化遗产得到有效的传承和发展。同时，地方立法还可以根据国家立法的更新和调整，及时进行修订和完善，保持与国家立法的协调一致。

（二）创新法律保护模式

知识产权模式在非物质文化遗产保护中发挥着重要作用。通过商标、专利、著作权等知识产权制度，可以有效地保护非物质文化遗产的独特性和原创性，防止其被滥用和侵权。目前，许多国家和地区已经开始尝试将知识产权制度应用于非物质文化遗产保护中，取得了积极成效。为了进一步拓展知识产权模式在非物质文化遗产保护中的应用范围，可以考虑将更多的非物质文化遗产元素（如传统技艺、传统表演艺术、民俗活动等）纳入知识产权保护体系。同时，可以加强与国际知识产权组织的合作与交流，借鉴国际上的先进经验和做法，完善我国的知识产权保护制度。公法保护模式在非物质文化遗产保护中同样具有重要地位。通过宪法、行政法、刑法等公法制度，可以规范政府行为、打击违法行为、维护公共利益，为非物质文化遗产保护提供有力的保障。为了强化和完善公法保护模式在非物质文化遗产保护中的作用，可以进一步明确政府在保护中的责任和义务，加强执法力度和监管措施，确保法律法规得到有效执行。同时还可以加强对非物质文化遗产保护法律法规的宣传和普及工作，提高公众对法律保护的认知度和重视程度。

（三）建立跨部门协作机制

非物质文化遗产的保护涉及多个部门和领域，需要政府、社会团体、学术机构、企业等多方面的共同努力。然而，在实际操作中，出于部门之间职责不清、信息不畅等原因，往往存在协作不畅、效率低下等问题。因此，建立跨部门协作机制显得尤为必要。跨部门协作机制可以整合各方资源、形成保护合力，提高保护工作的效率和效果。通过协作机制，各部门可以共同制定保护计划、分享信息资源、协调行动步骤，确保保护工作有序进行。构建跨部门协作机制需要做好以下三方面工作：一是建立信息共享机制。通过定期召开会议、建立信息共享平台等方式，加强各部门之间的信息交流和沟通，确保及时、准确、全面地传递信息。二是开展联合执法行动。针对非物质文化遗产保护中的违法行为和侵权行为，各部门可以联合开展执法行动，加大打击力度和惩戒力度，形成有效的震慑作用。三是加强协同研究合作。鼓励和支持学术机构、企业等与社会团体合作开展非物质文化遗产的保护和研究工作，推动保护技术的创新和发展。通过构建跨部门协作机制，可以形成政府主导、社会参与的保护格局，为非物质文化遗产的保护提供有力的保障。同时，还可以促进各部门之间的合作与交流，推动非物质文化遗产保护工作的深入开展。

三、手段创新：运用现代科技手段加强保护

（一）数字化技术的应用与推广

数字化技术作为现代信息科技的重要组成部分，在非物质文化遗产保护中发挥着至关重要的作用。首先，数字化技术为非物质文化遗产的记录提供了高效、准确的手段。通过数字录音、录像、摄影等技术，可以将非物质文化遗产的各种表现形式，如传统音乐、舞蹈、戏剧、曲艺、民俗活动等，以数字的形式记录下来，确保这些珍贵的文化遗产得以永久保存。其次，数字化技术在非物质文化遗产保存方面也具有显著优势。传统的保存方式（如纸质文献、胶片等）容易受到时间、环境等因素的影响而损坏或丢失。数字化保存可以有效地避免这些问题，将非物质文化遗产转化为数字数据，存储在计算机或云服务器上，实现长期、稳定的保存。最后，数字化技术极大地促进了非物质文化遗产的传播。通过互联网、移动设备等渠道，数字化后的非物质文化遗产可以迅速、广泛地传播到世界各地，让更多的人了解和欣赏到这些宝贵的文化遗产。为了推广和应用数字化技

术在非物质文化遗产保护中的优势，需要采取一系列的策略。首先，加强技术支持是关键。政府和相关机构应加大对数字化技术的研发投入，不断推动技术的创新和升级，为非物质文化遗产的数字化保护提供更有力的技术支持。其次，人才培养也至关重要。应加强对相关专业人才的培养和培训，提高他们在数字化技术应用方面的能力和水平，为非物质文化遗产的数字化保护培养一支高素质的专业队伍。此外，还需要制定相关的标准和规范。由于数字化技术的多样性和复杂性，需要制定统一的标准和规范来确保数字化过程的准确性和一致性。这包括数字化技术的选择、数字化流程的设计、数字化数据的存储和管理等方面。

（二）大数据与人工智能的辅助运用

大数据技术在非物质文化遗产保护中具有巨大的潜力。第一，通过数据挖掘和分析，可以从大量非物质文化遗产数据中提取有价值的信息和知识，为保护工作提供科学依据。例如，可以通过分析传统音乐、舞蹈等非物质文化遗产的演奏技巧、表演风格的数据，揭示其内在规律和特点，为传承和发展提供有力支持。第二，大数据技术可以用于预测非物质文化遗产的发展趋势和变化。通过对历史数据的分析和建模，可以预测未来非物质文化遗产的可能发展方向和变化趋势，为制定保护策略提供决策依据。人工智能技术在非物质文化遗产保护中也有着广泛的应用前景。首先，人工智能可以用于非物质文化遗产的识别和分类。通过训练机器学习模型，可以自动识别非物质文化遗产的各种表现形式，并将其准确分类，为保护工作提供便利。其次，人工智能可以被用于非物质文化遗产的保护和修复。例如，可以利用人工智能技术对传统音乐、舞蹈等进行数字化修复和增强，提升其音质和画面质量；还可以利用人工智能技术对传统手工艺进行模拟和复原，帮助其传承和发展。

（三）网络平台的构建与运营

网络平台在非物质文化遗产保护中发挥着越来越重要的作用。首先，网络平台为非物质文化遗产的展示提供了广阔的舞台。通过在线展览、虚拟博物馆等方式，可以将非物质文化遗产以数字化的形式展示给全球观众，让更多的人了解和欣赏到这些宝贵的文化遗产。其次，网络平台促进了非物质文化遗产的交流和传播。通过社交媒体、在线论坛等渠道，人们可以方便地分享和交流关于非物质文化遗产的信息和观点，促进文化的多样性和包容性。最后，网络平台可以为非物质文化遗产的保护提供资金支持和资源整合。通过众筹、在线募捐等方式，可以筹集到更多的资金用于非物质文化遗产的保护和传承；同时，可以通过网络平台整合各方资源，从而形成保护合力。为了构建和运营好网络平台，需要遵循一定的原则和策略。首先，要坚持开放性和共享性的原则。网络平台应该是一个开放、共享的平台，鼓励人们上传、分享和交流有关于非物质文化遗产的信息和资源，促进文化的传播和交流。其次，要注重用户体验和互动性。网络平台应该设计简洁、易用的界面和交互方式，让用户能够方便地浏览、搜索和分享内容；同时，要注重用户之间的互动和交流，增强平台的社交性和黏性。此外，还需要建立完善的监管机制。政府和相关机构应加强对网络平台的监督和管理，确保平台上的内容和信息符合法律法规和社会公德的要求；同时，要加强对平台运营者的培训和指导，提高其法律意识和社会责任感。

第二节　多元共治模式下的法律保护机制

一、多元共治模式的基本内涵与特点

（一）多元共治模式的定义

多元共治作为一种创新的治理模式，其核心在于强调政府、社会组织、企业以及个人等多元主体在非物质文化遗产保护中的共同参与和协作。这一模式打破了传统上由政府单一主导的保护格局，将保护责任和权力分散至更广泛的社会主体中，旨在通过集思广益、汇聚各方力量，共同应对非物质文化遗产保护面临的复杂挑战。在多元共治模式下，政府不再是非物质文化遗产保护的唯一主体，而是作为协调者和引导者，负责制定保护政策、提供法律支持和资金保障。社会组织凭借其专业性和灵活性，在文化传承、宣传教育及技艺培训等方面发挥着重要作用。企业可以通过市场运作，将非物质文化遗产与商业活动相结合，推动其产业化发展，实

现保护与利用的双赢。个人作为非物质文化遗产的传承者和享有者，更是保护工作中不可或缺的力量，他们的积极参与和自觉行动是保护非物质文化遗产的基础。非物质文化遗产作为人类文化多样性的重要体现，其保护涉及文化、历史、社会、经济等多方面，需要综合考虑各种因素。多元共治模式通过汇聚政府、社会组织、企业和个人等多方面的智慧和力量，能够更全面地识别和评估非物质文化遗产的价值，更准确地制定保护策略，更有效地实施保护措施。同时，多元共治模式还能够提高保护效率和效果。在多元主体的共同参与下，保护工作可以更加细致精准。政府可以确保保护工作的法律基础和资金支持，社会组织可以提供专业的技术支持和人才培养，企业可以推动非物质文化遗产的产业化发展，个人可以积极参与文化传承和宣传活动。这种分工合作、协同推进的方式，不仅能够提高保护工作的效率，而且能够提升保护工作的可持续性，确保非物质文化遗产得到长期有效的保护。

（二）多元共治模式的特点

多元共治模式的显著特点之一是其主体多元性。在这一模式下，政府、社会组织、企业和个人等多元主体共同参与非物质文化遗产的保护工作，各自发挥其独特的优势和作用。政府作为保护工作的主导者，负责制定政策、提供法律和资金支持；社会组织作为专业力量的代表，负责文化传承、宣传教育和技艺培训等；企业作为市场经济的主体，负责推动非物质文化遗产的产业化发展；个人作为文化遗产的传承者和享有者，是保护工作的基础和动力源泉。在多元主体的共同参与下，保护工作不再是单一主体的独角戏，而是多元主体之间的协同合作。政府、社会组织、企业和个人等主体之间通过信息共享、资源互补、优势互补等方式，形成保护合力，共同推进非物质文化遗产的保护工作。这种协同合作的方式不仅能够提高保护工作的效率和效果，而且能够增强保护工作的整体性和协调性。由于非物质文化遗产的保护工作涉及多个层面和领域，所以需要根据不同情况灵活调整保护策略。多元共治模式通过汇聚多元主体的智慧和力量，能够更加灵活地应对非物质文化遗产保护的动态变化。当保护工作面临新情况、新问题时，多元主体可以迅速作出反应，调整保护策略，确保保护工作的顺利进行。这种机制灵活性的特点使得多元共治模式能够更加适应非物质文化遗产保护的复杂性和多样性，为保护工作提供有力的支持。

二、多元共治模式下的法律保护机制构建

（一）政府主导作用的发挥

政府作为国家权力的执行机关，在非物质文化遗产保护中发挥着至关重要的主导作用。其中，立法保护是政府保护非物质文化遗产的首要手段。通过制定相关法律法规，政府为非物质文化遗产的保护提供了坚实的法律基础和制度保障。这些法律法规明确了非物质文化遗产的定义、保护范围、保护措施以及违法行为的处罚，为保护工作提供了明确的法律依据。同时，政府还不断完善相关法律法规体系，以适应非物质文化遗产保护工作的新需求和新挑战。除了立法保护，政府还通过制定相关政策来引导社会力量和资源投入非物质文化遗产保护。政府可以出台一系列优惠政策，鼓励企业、社会组织和个人参与非物质文化遗产的保护和传承工作。例如，政府可以提供资金扶持、税收优惠等政策措施，激励企业投资非物质文化遗产的保护项目；同时，政府还可以加强对社会组织和个人参与保护工作的指导和支持，推动形成全社会共同参与的保护格局。政府在非物质文化遗产保护中还承担着监管职责和服务功能。政府应加强对非物质文化遗产保护工作的监管，确保各项保护措施得到有效落实。同时，政府还应提供必要的服务支持，如提供技术咨询、培训指导等，帮助相关主体更好地开展保护工作。此外，政府还应建立健全非物质文化遗产保护的信息管理系统，实现保护工作的信息化与规范化管理，提高保护工作的效率和准确性。

（二）社会组织的积极参与

社会组织作为非营利性、自愿性的民间组织，在非物质文化遗产保护中发挥着重要的桥梁纽带和服务提供者角色。社会组织可以连接政府、企业和个人等多元主体，促进各方之间的沟通与协作；同时，社会组织还可以提供专业的保护服务，如文化传承、宣传教育、技艺培训等，为非物质文化遗产的保护和传承做出积极贡献。社会组织在非物质文化遗产保护中开展了丰富多样的实践探索。例如，一些社会组织通过举办非物质文化遗

产展览、演出等活动，提高公众对非物质文化遗产的认知度和兴趣；同时，它们还积极开展非物质文化遗产的调查、记录和研究工作，为保护工作提供科学依据。此外，一些社会组织还通过实施保护项目，如修复传统建筑、传承传统技艺等，直接参与非物质文化遗产的保护实践。加强社会组织能力建设是提高其参与非物质文化遗产保护能力和水平的重要途径。政府应加大对社会组织的培育和支持力度，提供必要的资金、场地和人力资源等；同时，社会组织也应加强自身建设，完善内部管理制度，提高组织运作效率和透明度。此外，社会组织还应加强人才培养和引进工作，提高工作人员的专业素养和综合能力，为非物质文化遗产的保护和传承提供有力的人才保障。

（三）企业的社会责任和参与

企业在非物质文化遗产保护中承担着重要的社会责任。作为市场经济主体，企业应尊重文化遗产的价值和精髓，积极参与非物质文化遗产的保护和传承工作。企业应树立正确的文化价值观，将非物质文化遗产的保护纳入企业发展战略中，通过实际行动践行社会责任。企业可以通过多种方式参与非物质文化遗产的保护工作。首先，企业可以提供资金支持，为非物质文化遗产的保护项目提供必要的经费保障；其次，企业可以利用自身技术优势，为非物质文化遗产的保护和传承提供技术支持和解决方案。最后，企业还可以通过市场推广等方式，提高非物质文化遗产的知名度和影响力，推动其走向更广阔的市场。通过参与非物质文化遗产保护，企业可以实现自身发展与文化遗产保护的共赢。通过参与保护工作，企业可以提升自身品牌形象和文化软实力，增强市场竞争力；同时，企业还可以将非物质文化遗产的文化元素融入产品中，开发具有独特文化魅力的产品和服务，满足消费者对文化多样性的需求。此外，企业还可以通过与非物质文化遗产传承人合作，推动传统技艺的传承和创新，为非物质文化遗产的可持续发展做出贡献。

（四）个人参与和保护意识提升

个人在非物质文化遗产保护中发挥着不可替代的作用。作为非物质文化遗产的传者和享有者，个人的参与是保护工作的基础和动力源泉。只有广大公众积极参与保护工作，才能形成全社会共同关注、共同参与的保护格局。个人可以通过多种方式参与非物质文化遗产的保护工作。首先，个人可以学习传承非物质文化遗产的相关技艺和知识，成为传统技艺的传承人和弘扬者；其次，个人可以积极参与各种保护活动，如志愿服务、宣传教育活动等，为保护工作贡献自己的力量；最后，个人还可以通过社交媒体等渠道宣传非物质文化遗产的价值和意义，提高公众对保护工作的认知度和参与度。培养保护意识是提高公众对非物质文化遗产保护认知和参与度的重要途径。政府、学校和社会组织等应加强对非物质文化遗产的宣传教育工作，通过举办讲座、展览、演出等活动，提高公众对非物质文化遗产的认知度和兴趣；同时，应加强对保护工作的宣传报道，让公众了解保护工作的进展和成果，增强参与保护的责任感和使命感。此外，还应通过教育引导等方式，培养公众对非物质文化遗产的尊重和热爱之情，形成全社会共同参与保护的良好氛围。

第三节　法律责任与救济机制的完善

一、法律责任制度的明确与强化

（一）非物质文化遗产保护中的法律责任概述

法律责任是指行为主体因违反法律规定或未履行法律义务而应承担的法律后果。在非物质文化遗产保护中，法律责任具体分为行政责任、民事责任和刑事责任。行政责任主要指因违反行政管理法规而应承担的责任，如行政处罚；民事责任涉及因侵犯他人非物质文化遗产权益而应承担的赔偿责任；刑事责任是指因严重违反刑法规定，破坏非物质文化遗产而应承担的刑事处罚。明确和强化法律责任对于保障非物质文化遗产权益、促进保护工作开展具有至关重要的作用。法律责任的明确可以确保各行为主体在非物质文化遗产保护中的权利和义务得到清晰界定，从而规范其行为，防止非法侵害。同时，强化法律责任可以形成有效的法律威慑，对潜在的违法行为者产生震慑作用，减少违法行为的发生。此外，法律责任的落实还有助于维护非物质文化遗产的合法权益，为受损权益提供法律救济，促进保护工作的顺利进行。

（二）非物质文化遗产保护中法律责任的明确

政府部门在非物质文化遗产保护中承担着立法、执法和监管等多重职责。在立法方面，政府应制定和完善非物质文化遗产保护的相关法律法规，为保护工作提供法律基础。在执法方面，政府应严格执法，对违反非物质文化遗产保护法律法规的行为进行查处。在监管方面，政府应加强对非物质文化遗产保护工作的监督和管理，确保各项保护措施得到有效落实。社会组织和个人在非物质文化遗产保护中也应承担相应的法律责任。社会组织应尊重文化遗产，不侵犯他人权益，积极参与保护工作，并且遵守相关法律法规。个人应增强保护意识，不参与破坏非物质文化遗产的行为，同时积极参与保护活动，为传承和弘扬非物质文化遗产贡献力量。科学合理地界定和划分不同主体在非物质文化遗产保护中的法律责任是确保责任明确、权责一致的关键。这要求根据各行为主体的职责和能力，明确其在保护工作中的具体责任和义务，并制定相应的法律法规进行规范。同时，应建立健全责任追究机制，对未履行法律责任的行为主体进行追究和处罚。

（三）非物质文化遗产保护中法律责任的强化

为了形成有效的法律威慑，应加大对违反非物质文化遗产保护法律法规行为的惩处力度。这包括提高行政处罚的幅度，对严重违法行为追究刑事责任，以及加大民事赔偿力度等。通过加大惩处力度，可以让潜在违法行为者认识到违法行为的严重后果，从而减少违法行为的发生。完善责任追究机制是确保法律责任得到有效落实的重要保障。这要求建立健全责任追究程序，明确责任追究的主体、程序和方式，确保责任追究的公正性和效率性。同时，应加强对责任追究结果的监督和执行，确保责任追究决定得到切实履行。

二、救济机制的建立与完善

（一）非物质文化遗产保护中的救济机制概述

在非物质文化遗产保护中，救济机制具有权利救济、损害赔偿等功能。权利救济是指为受损的非物质文化遗产权益提供法律保护和恢复；损害赔偿是指对因违法行为造成的损害进行经济赔偿。建立和完善救济机制对于保障非物质文化遗产权益、促进保护工作顺利开展具有重要意义。救济机制可以为受损权益提供及时有效的法律救济，维护非物质文化遗产的合法权益。同时，救济机制的存在还可以增强公众对非物质文化遗产保护的信心和参与度，推动保护工作的深入进行。

（二）非物质文化遗产保护中救济机制的建立

在非物质文化遗产保护中，行政救济机制可以针对政府部门的违法行为或不当行为提供救济。例如，当政府部门在执法过程中侵犯了非物质文化遗产权益时，权益受损者可以通过行政复议或行政诉讼等途径寻求法律救济。司法救济机制是指通过民事诉讼、刑事诉讼等途径为受损权益提供法律救济的机制。在非物质文化遗产保护中，司法救济机制可以针对个人或社会组织的违法行为提供救济。例如，当个人或社会组织侵犯了非物质文化遗产权益时，权益受损者可以通过民事诉讼或刑事诉讼等途径寻求法律救济。社会救济机制是指通过调解、仲裁等途径为受损权益提供法律救济的辅助机制。在非物质文化遗产保护中，社会救济机制可以作为一种灵活、高效的救济方式，为受损权益提供及时有效的帮助。同时，社会救济机制还可以与行政救济、司法救济机制相衔接，形成完整的救济体系。

（三）非物质文化遗产保护中救济机制的完善

为了提高救济机制的效率和公正性，应加强对救济程序的规范和管理。这包括简化救济程序、提高救济效率、确保救济公正等方面。同时，应加强对救济结果的监督和执行，确保救济决定得到切实履行。为了提高公众对救济机制的认知度和利用率，应加强救济机制的宣传与普及工作。这包括通过媒体、宣传册等方式向公众普及救济机制的知识和程序，提高公众对救济机制的了解和认识。同时，可以设立专门的咨询机构或热线电话，为公众提供便捷的咨询和帮助。为了完善救济机制的配套措施，应建立健全法律援助制度，为经济困难的权益受损者提供法律援助。同时，应加强救济机构的建设和管理，提高救济机构的专业水平和服务质量。此外，还可以加强与相关部门的协调合作，形成工作合力，共同推动非物质文化遗产保护工作的顺利进行。

第四节　国际合作与交流机制的法律支撑

一、国际合作与交流在非物质文化遗产保护中的重要性

（一）非物质文化遗产的跨国界特性

非物质文化遗产作为人类共同的文化遗产，承载着各民族的历史记忆、文化传统和智慧结晶。这些遗产不属于特定的国家或民族，而是具有跨国界的普遍性和共享性。它们超越了国界和地域的限制，成为全人类共同的精神财富。这种普遍性和共享性使得非物质文化遗产的保护成为国际社会的共同责任，需要各国携手合作，共同守护这一宝贵的人类遗产。跨国界非物质文化遗产的保护面临着诸多挑战。首先，权属争议是一个突出问题。由于非物质文化遗产的传承和发展往往跨越多个国家和地区，其权属关系可能变得复杂模糊，导致保护工作难以开展。其次，保护标准不一也是一大难题。不同国家和地区对于非物质文化遗产的保护标准和方法可能存在差异，这使得跨国界保护工作的协调和统一变得困难。

（二）国际合作与交流对非物质文化遗产保护的促进作用

国际合作与交流在非物质文化遗产保护中发挥着重要作用。通过国际合作，各国可以分享彼此在保护方面的经验和做法，相互学习、相互借鉴。这种经验的共享与传播有助于提升各国的保护能力，推动保护工作的深入开展。同时，国际合作还可以促进保护技术的交流和创新，为非物质文化遗产的保护提供更有力的技术支持。国际合作与交流还可以增强各国在非物质文化遗产保护方面的力量整合与协同效应。通过联合行动和共同努力，各国可以形成保护合力，共同应对跨国界非物质文化遗产保护面临的挑战。这种力量的整合与协同不仅有助于提高保护效率，而且可以降低保护成本，实现资源共享和优势互补。

二、国际合作与交流机制的法律框架构建

目前，与非物质文化遗产保护相关的国际法律文件已经初步形成体系。其中，《公约》是最具代表性的国际法律文件之一。该公约明确了非物质文化遗产的定义、保护原则、保护措施以及国际合作等方面的内容，为各国开展非物质文化遗产保护工作提供了法律依据和指导。尽管现有国际法律文件在非物质文化遗产保护方面发挥了一定的作用，但仍存在不足之处。例如，保护标准的统一性问题、权属规定的明确性问题等都需要进一步完善。为了加强国际法律文件的效力和可操作性，国际社会应继续努力推动相关法律文件的制定和完善。具体而言，可以加强保护标准的统一制定和推广，明确非物质文化遗产的权属规定，为跨国界保护提供更有力的法律支撑。

政府间合作机制在非物质文化遗产保护中发挥着重要作用。这种合作机制通常基于双边或多边协议建立，通过政府间的协商与合作来推动保护工作的开展。国际组织在这种合作机制中发挥着桥梁和纽带的作用，为各国提供信息交流、技术援助和资金支持。为了保障政府间合作机制的有效运行，需要建立相应的法律基础，明确各方的权利和义务，确保合作机制的稳定性和可持续性。非政府组织在非物质文化遗产保护中也发挥着重要作用。它们通常具有专业性强、灵活性高的特点，能够深入基层、贴近民众，开展形式多样的保护活动。为了鼓励和支持非政府组织的参与，需要为其提供相应的法律保障。具体而言，可以制定相关法律法规，明确非政府组织的法律地位、权利和义务，为其参与保护工作提供法律依据和支持。通过文化交流活动，各国可以展示各自的非物质文化遗产，增进相互了解和友谊，推动保护工作的深入开展。为了促进文化交流活动的顺利进行，需要为其提供相应的法律支持。具体而言，可以制定相关法律法规，保障文化交流活动的自由和开放，为各国提供平等参与的机会和平台。知识产权制度在非物质文化遗产保护中发挥着重要作用。通过知识产权保护，可以维护非物质文化遗产的创造者和传承者的合法权益，防止其被非法侵占和滥用。在国际交流中，知识产权保护同样具有重要意义。各国应加强在知识产权保护方面的合作与交流，共同打击跨国界侵权行为，为非物质文化遗产的保护提供有力的保障。

三、国际合作与交流机制的实施与监督

国际合作项目的实施流程通常包括立项、审批、执行和评估等阶段。在立项阶段，需要明确项目的目标、内容、预期成果与合作方式等；在审批阶段，需要对项目进行审查和评估，确保其符合相关法律法规和国际准则；在执行阶段，需要按照项目计划有序地推进各项工作，确保项目的顺利实施；在评估阶段，需要对项目的成果进行验收和总结，为后续合作提供经验和借鉴。资金与技术支持在国际合作与交流中至关重要。为了保障国际合作项目的顺利进行，需要建立相应的保障机制。具体而言，可以设立专项基金或援助项目，为合作提供资金支持；同时，可以加强技术交流和培训，提高各国的保护能力和技术水平。

国际监督机构应具有独立性和权威性，负责监督合作项目的实施情况，确保各方履行义务和承诺。其职责包括审查项目计划、监督项目执行、评估项目成果等。建立监督与评估指标体系是评估国际合作项目成效的重要手段。指标体系应具有科学性和可操作性，能够全面反映项目的实施情况和成果。具体而言，可以制定定量和定性指标，如项目进度、资金使用效率、保护效果等，为监督评估提供依据和标准。国际争议解决途径主要包括谈判、调解、仲裁和诉讼等方式。这些途径在解决国际合作中的争议和纠纷方面具有重要作用。谈判和调解通常用于解决较为轻微的争议，通过协商和妥协达成共识；仲裁和诉讼用于解决较为严重的争议，通过法律程序做出裁决或判决。由于非物质文化遗产涉及文化、历史、民族等多个方面，所以其争议往往具有复杂性和敏感性。因此，在解决这类争议时，需要充分考虑文化多样性和尊重各国主权的原则。具体而言，可以加强国际合作与交流，增进相互理解和信任；同时，可以建立专门的争议解决机构或机制，为非物质文化遗产保护提供有力的法律保障和支持。

第八章　非物质文化遗产法律保护案例研究

第一节　国内外非物质文化遗产保护案例分析

一、国内非物质文化遗产保护案例概述

在选择国内非物质文化遗产保护案例时，我们遵循了以下具体标准。首先，案例应具有代表性，能够反映国内非物质文化遗产保护的主要类型和特点；其次，案例应具有一定的影响力，无论是在地区、全国还是国际范围内，都应有一定的知名度和认可度；最后，案例的法律保护成效显著，能够展示法律保护在非物质文化遗产保护中的重要作用。基于这些标准，我们精心挑选了多个具有典型意义的案例进行深入分析。案例分析法通过详细剖析每个案例的保护背景、法律措施、实施效果等，揭示法律保护在非物质文化遗产保护中的具体作用和存在的问题。比较研究法通过对不同案例进行比较，分析它们在法律保护体系、政策措施、实施效果等方面的异同，从而得出更具普遍性的结论和启示。这两种方法的结合使用，可以确保分析的客观性和准确性。

1. 传统技艺类非物质文化遗产保护案例：景泰蓝制作技艺

景泰蓝，又称"铜胎掐丝珐琅"，是中国传统工艺品之一，以其独特的工艺和精美的造型享誉中外。然而，随着现代化进程的加速，景泰蓝制作技艺一度面临失传的危机。为了保护这一传统技艺，中国政府采取了一系列法律措施。首先，将景泰蓝制作技艺列入国家级非物质文化遗产名录，为其提供了法律上的保护和认可。其次，制定了相关法律法规，明确了景泰蓝制作技艺的传承人制度、保护责任和义务等。这些法律措施的实施，有效地促进了景泰蓝制作技艺的传承和发展。如今，景泰蓝已经成为中国传统文化的象征之一，其制作技艺也得到了广泛的传承和发扬。

2. 民俗类非物质文化遗产保护案例：春节

春节既是中国最重要的传统节日之一，也是中国传统文化的重要组成部分。为了保护这一民俗类非物质文化遗产，中国政府采取了多项法律措施。首先，将春节列为国家法定节假日，确保人们有足够的时间来庆祝和传承这一节日。其次，制定了相关法律法规，保护了春节期间的传统文化活动和习俗，如放鞭炮、贴春联、拜年等。此外，中国政府还积极鼓励和支持各地开展形式多样的春节文化活动，如庙会、灯会等，以丰富人们的节日生活。这些法律措施的实施，有效地促进了春节文化的传承和发展。

3. 其他类型非物质文化遗产保护案例：中医

中医是中国传统医学的瑰宝，具有悠久的历史和深厚的文化底蕴。为了保护这一传统医药类非物质文化遗产，中国政府采取了多项法律措施。首先，将中医列入国家级非物质文化遗产名录，为其提供了法律上的保护和认可。其次，制定了相关法律法规，规范了中医的执业行为、教育培训和传承发展等。此外，中国政府还积极推广中医文化，鼓励人们使用中医方法预防和治疗疾病。这些法律措施的实施，有效地促进了中医的传承和发展，使其在现代社会中仍然发挥着重要作用。

二、国外非物质文化遗产保护案例比较

近年来，国外非物质文化遗产保护呈现出加强国际合作、完善法律保护体系等发展趋势。各国政府和国际组织纷纷加强在非物质文化遗产保护方面的合作与交流，共同推动保护工作的深入开展。同时，各国也不断完善自身的法律保护体系，为非物质文化遗产提供更有力的法律保障。国外在非物质文化遗产保护方面有着一些特色做法。例如，注重社区参与是非物质文化遗产保护的重要原则之一。许多国家通过鼓励社区居民积极参与保护活动，增强了他们对非物质文化遗产的认同感和保护意识。此外，强调文化传承与创新也是国外非物质文化遗产保护的一大特色。各国在保护传统文化的同时，积极鼓励创新和发展，使非物质文化遗产在现代社会中焕发出新的生机和活力。

法国是非物质文化遗产保护方面的先行者之一。法国政府高度重视非

物质文化遗产的保护工作，制定了完善的法律保护体系。例如，法国通过法律明确了非物质文化遗产的定义、保护原则和保护措施等，为保护工作提供了有力的法律支撑。同时，法国政府还积极推广非物质文化遗产，通过举办各种文化活动、展览和演出等，增强了公众对非物质文化遗产的认识和了解。此外，法国还注重非物质文化遗产的传承与发展，通过设立传承机构、培训传承人等方式，确保了非物质文化遗产的延续和传承。摩洛哥是一个拥有丰富非物质文化遗产的发展中国家。摩洛哥政府在非物质文化遗产保护方面面临着诸多挑战，如资金不足、保护意识薄弱等。然而，摩洛哥政府仍然积极采取措施加强保护工作。例如，摩洛哥政府制定了相关法律法规，明确了非物质文化遗产的保护范围和保护措施等。同时，摩洛哥政府还积极寻求国际社会的支持和帮助，与各国政府和国际组织开展广泛的合作与交流。这些措施的实施，有效地促进了摩洛哥非物质文化遗产的保护和传承。

近年来，多国联合申报世界非物质文化遗产已经成为一种趋势。例如，中国、蒙古国和韩国等国家曾联合申报了"长调民歌"作为世界非物质文化遗产。这种跨国界的合作不仅有助于推动非物质文化遗产的保护和传承，而且可以增强各国之间的文化交流和友谊。在联合申报过程中，各国政府需要共同制定保护计划、分享保护经验和资源等，为非物质文化遗产的保护提供更有力的保障。

通过比较国内外非物质文化遗产保护案例我们可以看出，它们在法律保护体系、政策措施、实施效果等方面存在一些异同点。在法律保护体系方面，发达国家通常拥有较为完善的法律保护体系，为非物质文化遗产提供了有力的法律保障；而发展中国家则可能在这方面存在不足，需要加强法律制定和实施力度。在政策措施方面，各国都采取了一系列措施来加强非物质文化遗产的保护和传承，但具体措施可能因国情和文化差异而有所区别。在实施效果方面，一些国家的保护工作取得了显著成效，非物质文化遗产得到了有效的保护和传承；而另一些国家则可能面临诸多挑战和困难，需要加强保护工作的力度和效果。

国外非物质文化遗产保护案例对国内具有重要的启示和借鉴意义。首先，我们需要加强法律制定和实施力度，完善法律保护体系，为非物质文化遗产提供更有力的法律保障。其次，我们需要注重社区参与和文化传承与创新，鼓励社区居民积极参与保护活动，增强他们对非物质文化遗产的认同感和保护意识；同时，要积极鼓励创新和发展，使非物质文化遗产在现代社会中焕发出新的生机和活力。最后，需要加强国际合作与交流，与各国政府和国际组织开展广泛的合作与交流，共同推动非物质文化遗产的保护和传承工作。

第二节 法律保护机制实施效果的评估方法

一、评估方法概述

评估非物质文化遗产法律保护机制实施效果的核心目的在于深入了解该机制在实际运行中的全面状况，包括执行效率、覆盖范围、实施成效等多个维度，以便准确地识别法律保护机制中存在的不足或潜在问题，如法律条款的模糊性、执法力度的欠缺、公众参与度低下等。基于此，评估旨在为改进和优化法律保护机制提供科学依据，确保其更加有效地服务于非物质文化遗产的保护、传承与发展。评估对于完善非物质文化遗产法律保护机制具有深远意义。首先，它有助于我们全面、客观地了解法律保护机制的实际运行效果，为政策制定者提供决策支撑。其次，评估中发现的问题和改进建议能够推动法律保护机制的持续优化，提升其保护非物质文化遗产的能力和效率。最后，评估能增强公众对非物质文化遗产法律保护的认识，激发其参与度，形成良好的社会氛围，共同促进非物质文化遗产的传承与发展。客观性要求评估过程基于事实和数据，避免主观臆断；科学性要求评估方法科学合理，符合学术规范；全面性要求评估涵盖法律保护机制的所有相关方面，包括法律制定、执法、宣传、教育等。为了给具体评估提供衡量尺度，我们制定了以下评估标准：① 法律保护的全面性，评估法律保护机制是否覆盖非物质文化遗产的所有相关领域和层面；② 有效性，评估法律保护机制在实际运行中的效果，包括其保护非物质文化遗产的能力、执法效率等；③ 可持续性，评估法律保护机制是否具备长期稳定运行的潜力和条件，以及对未来非物质文化遗产保护的适应性。

二、评估指标体系构建

代表性要求选取的指标能够代表法律保护机制的主要方面和特征；可操作性要求指标易于获取和测量，便于实际操作；可量化性要求尽可能选取可量化的指标，以便进行准确的数值分析和比较。基于上述原则，我们提出以下评估指标体系的框架：① 法律保护机制的建设情况，包括法律法规的完善程度、执法机构的设置与运行情况、法律保护宣传与教育情况等；② 实施效果，涉及非物质文化遗产的保护状况、传承与发展情况、权益保障效果等；③ 社会影响，包括公众对非物质文化遗产的了解程度、参与度、满意度等。具体评估指标包括：① 法律法规的完善程度，评估相关法律法规的健全性、针对性和可操作性；② 执法机构的设置与运行情况，评估执法机构的组织架构、人员配备、执法效率等；③ 法律保护宣传与教育情况，评估法律保护知识的普及程度、公众的法律意识等；④ 非物质文化遗产的保护状况，评估非物质文化遗产的保存情况、受损程度、恢复效果等；⑤ 传承与发展情况，评估非物质文化遗产的传承人数量、传承活动频率、创新发展情况等；⑥ 权益保障效果，评估非物质文化遗产相关权益的保护情况、侵权行为的处理效率等；⑦ 公众对非物质文化遗产的认知度，评估公众对非物质文化遗产的了解程度、认识深度等；⑧ 参与度，评估公众参与非物质文化遗产保护活动的积极性、参与度等；⑨ 满意度，评估公众对法律保护机制实施效果的满意度、期望值等。

三、评估方法与实施步骤

定量评估主要通过数值数据和统计分析来评估法律保护机制的实施效果，具体方法包括问卷调查和数据分析。问卷调查应设计合理，旨在收集公众对法律保护机制的看法和评价；数据分析是对收集的数据进行统计分析，以便得出客观的评估结果。定量评估方法能够提供精确的数值数据，便于进行客观比较和分析。定性评估主要采用深入访谈、案例研究等方法来评估法律保护机制的实施效果。深度访谈是与相关法律专家、非物质文化遗产传承人、公众等进行深入交流，了解他们对法律保护机制的看法和建议；案例研究是选取典型案例，深入分析法律保护机制在其中的实施效果和存在的问题。定性评估方法能够提供更深入、更细致的信息，有助于弥补定量评估方法的不足。

评估工作分为准备阶段、数据收集与处理阶段以及评估分析与报告撰写阶段。在准备阶段，明确评估的具体对象和范围，如某地区的非物质文化遗产法律保护机制；根据评估目的和标准，制定详细的评估方案，包括评估方法、指标体系、数据收集方式等，并组建专业的评估团队，负责评估工作的具体实施和管理。在数据收集与处理阶段，根据评估指标体系设计合理的调查问卷，确保能够收集到所需的数据；通过查阅文献、档案、报告等方式，收集与评估对象相关的资料和信息；对收集到的数据进行整理和分析，得出初步的评估结果。在评估分析与报告撰写阶段，对收集到的数据进行深入分析，识别出法律保护机制中存在的问题和不足；根据评估结果，撰写详细的评估报告，包括评估目的、方法、过程、结果以及改进建议等，并针对评估过程中发现的问题，提出具体的改进建议和优化措施。

四、评估结果的应用与反馈

根据评估结果，可以采取一系列措施来改进非物质文化遗产法律保护机制。首先，针对评估中发现的法律漏洞和不足，完善相关法律法规，提高其针对性和可操作性。其次，加大执法力度，确保法律法规得到有效执行，维护非物质文化遗产的合法权益。同时，通过加强宣传和教育，提高公众对非物质文化遗产法律保护的认识和参与度。可以通过评估结果的宣传和传播，提高公众对非物质文化遗产的保护意识；鼓励和支持非物质文化遗产的创新发展，使其在现代社会中焕发新的生机和活力；利用现代科技手段，拓展非物质文化遗产的传播渠道，提高其知名度和影响力。可以设立专门的反馈渠道，如电子邮箱、热线电话等，方便相关部门和人员提交反馈意见；定期召开评估结果反馈会议，邀请相关部门和人员参加，共同讨论评估结果和改进措施。应根据反馈意见，不断调整和完善评估方法和指标体系，确保其更加符合实际情况和评估需求。同时，还需要对评估结果进行跟踪和监测，及时发现问题并进行纠正，确保法律保护机制能够持续有效地服务于非物质文化遗产的保护、传承与发展。

第三节　面临的主要挑战与应对策略

一、非物质文化遗产法律保护面临的主要挑战

　　法律法规缺失问题尤为突出。尽管近年来我国在非物质文化遗产保护方面取得了一定的进展，但针对某些特定类型的非物质文化遗产，如某些独特的民俗活动、传统手工艺技能等，仍然缺乏专门的法律保护条款。这种法律法规空白使得这些珍贵的非物质文化遗产在面临侵权、滥用等风险时，难以得到有效的法律保障。随着社会的快速发展和非物质文化遗产保护工作的不断深入，新的情况和问题层出不穷。然而，现有的法律法规往往未能及时地反映这些新变化，导致在处理一些新型非物质文化遗产保护案件时，法律依据不足，保护效果大打折扣。在执法机构设置方面，存在机构职责不明确、人员配备不足等问题。这使得执法工作在开展过程中往往力不从心，难以对非物质文化遗产进行全面、有效的保护。同时，执法手段的单一性也制约了保护效果的提升。目前，非物质文化遗产保护领域的执法手段主要依赖于行政处罚等传统方式，缺乏灵活有效的创新手段，难以适应日益复杂的保护需求。公众保护意识薄弱也是非物质文化遗产法律保护面临的重要挑战。一方面，公众对非物质文化遗产的认知程度不高，缺乏对其重要性和价值的深入了解。这使得公众在日常生活中往往忽视了对非物质文化遗产的保护，甚至在某些情况下可能成为破坏非物质文化遗产的参与者。另一方面，公众参与保护的积极性不高，缺乏主动参与、自觉保护的意识。这使得非物质文化遗产保护工作难以形成全社会共同参与的良好氛围，影响了保护工作的整体效果。

二、应对非物质文化遗产法律保护挑战的策略

　　加快非物质文化遗产保护相关法律法规的立法进程，确保法律法规的及时性和有效性。在立法过程中，要注重法律法规的针对性和可操作性，使其更符合非物质文化遗产保护的实际需求。具体来说，可以针对不同类型的非物质文化遗产制定专门的保护条款，明确保护范围、保护措施和法律责任等，为非物质文化遗产提供全面的法律保障。优化执法机构设置，

明确机构职责、加强人员配备等，提高执法效率和效果。同时，要创新执法手段，引入科技手段、加强跨部门合作等，提升执法的灵活性和有效性。例如，可以利用现代信息技术手段对非物质文化遗产进行数字化保护和管理，提高保护工作的精准度和效率；还可以加强文化市场执法力度，严厉打击非法侵占、破坏非物质文化遗产的行为，维护非物质文化遗产的合法权益。加强非物质文化遗产的宣传教育工作，通过开展普及活动、制作宣传资料等方式，提高公众对非物质文化遗产的认知度。同时，要鼓励公众参与保护实践，设立奖励机制、搭建参与平台等，激发公众的参与热情和积极性。例如，可以组织非物质文化遗产进校园、进社区等活动，让更多的人了解和接触非物质文化遗产；还可以建立非物质文化遗产志愿者队伍，引导公众参与保护工作，形成全社会共同参与的良好氛围。

三、实施策略的保障措施

为了确保上述策略的有效实施，在政策保障方面，要制定相关政策支持非物质文化遗产法律保护工作。政府可以提供资金扶持、税收优惠等政策措施，鼓励和支持非物质文化遗产的保护和传承工作。同时，要加强政策宣传与解读工作，确保政策能够准确地传达给相关部门和人员，推动政策的有效实施。在机制保障方面，要建立健全非物质文化遗产法律保护工作的协调机制。可以成立跨部门协调小组，定期召开会议，协调解决保护工作中出现的问题和困难。同时，要完善监督评估机制，建立定期评估制度并加强监督检查，确保策略的有效执行和持续改进。通过建立健全的协调机制和监督评估机制，我们可以形成合力，共同推动非物质文化遗产法律保护工作的深入开展。

第四节　成功经验的总结与推广

一、国内外非物质文化遗产法律保护成功经验概述

在国内，非物质文化遗产的立法保护取得了显著成效。以特定地区或民族的非物质文化遗产保护条例为例，这些条例的制定与实施，为当地非物质文化遗产的保护提供了明确的法律依据。这些立法不仅注重保护非物

质文化遗产的独特性，而且强调其传承性和发展性，通过法律手段确保非物质文化遗产得以延续和弘扬。例如，一些地区通过立法明确了非物质文化遗产的传承人制度，为传承人的权益提供了法律保障，同时鼓励和支持传承人开展传承活动，促进了非物质文化遗产的活态传承。在执法实践中，国内也涌现出一系列创新举措。建立跨部门协作机制，使得不同部门之间能够形成合力，共同打击非法侵占、破坏非物质文化遗产的行为。数字化执法手段的运用，如利用大数据、人工智能等技术对非物质文化遗产进行监测和管理，提高了执法的精准度和效率。这些创新举措不仅增强了执法的力度和效果，而且为非物质文化遗产的保护提供了更加科技化、智能化的手段。公众参与是非物质文化遗产保护的重要力量。在国内，社区保护项目、志愿者服务等典型模式有效地激发了公众的参与热情。社区保护项目通过组织社区居民参与非物质文化遗产的保护活动，增强了社区的文化认同感和凝聚力。志愿者服务通过招募志愿者参与非物质文化遗产的传承和推广工作，扩大了非物质文化遗产的影响力和认知度。这些模式不仅促进了非物质文化遗产的传承与发展，而且增强了公众的文化自觉和文化自信。

在国际层面，《公约》等国际法律框架为非物质文化遗产提供了跨国界的保护和支持。这些国际法律明确了非物质文化遗产的定义、保护原则和措施，为各国开展非物质文化遗产保护工作提供了国际法律依据。同时，国际法律框架下的合作机制也促进了各国在非物质文化遗产保护方面的交流与合作，共同推动了非物质文化遗产的全球保护。完善的法律体系为非物质文化遗产的保护提供了全面的法律保障，从宪法到专门法律，形成了多层次、多领域的立法格局。专业的执法机构负责非物质文化遗产保护的具体执行工作，具有专业的执法能力和丰富的执法经验。这些特色与优势为其他国家非物质文化遗产的保护提供了有力的法治保障，也值得我国借鉴和学习。

二、成功经验的具体分析与提炼

尊重文化多样性是非物质文化遗产立法的重要原则之一，它要求立法者充分认识和尊重不同文化之间的差异性，确保非物质文化遗产的独特性得到保护。保护传承与发展并重也是非物质文化遗产立法的重要理念，它强调在保护非物质文化遗产的同时，要促进其传承和发展，使非物质文化遗产在现代社会中焕发新的生机与活力。全面性要求立法涵盖非物质文化遗产的各个方面，包括其定义、分类、保护原则、保护措施等，确保立法的完整性和系统性。针对性要求立法针对特定问题制定具体条款，如针对非物质文化遗产的传承人制度、保护资金使用管理等制定详细规定，确保立法的可操作性和有效性。

跨部门协作是执法机构设置的重要特点之一，它要求不同部门之间建立紧密的合作关系，共同打击非法侵占、破坏非物质文化遗产的行为。信息共享也是执法机构运作机制的重要组成部分，它要求执法机构之间及时分享相关信息，提高执法的精准度和效率。数字化技术是执法手段创新的重要方向之一，它利用大数据、人工智能等技术对非物质文化遗产进行监测和管理，提高了执法的科技含量和智能化水平。教育引导也是执法手段多样性的重要体现，它通过开展宣传教育活动，提高公众对非物质文化遗产的认知度和保护意识，形成良好的社会氛围。

社区参与是公众参与机制的重要组成部分，它要求社区居民积极参与非物质文化遗产的保护活动，形成社区共治的良好局面。公众监督也是公众参与机制的重要方面，它鼓励公众对非物质文化遗产保护工作进行监督，确保保护工作的公开、透明和有效。宣传教育是提高公众保护意识的重要途径之一，它通过开展各种形式的宣传教育活动，使公众了解非物质文化遗产的重要性和价值，增强保护意识。媒体宣传也是保护意识传播的重要手段，利用广播电视、网络等媒体平台，扩大了非物质文化遗产的影响力和认知度，形成了良好的社会舆论氛围。

三、成功经验的推广与应用策略

为了推广成功的立法保护经验，需要加强国内外立法交流与合作。可以通过举办立法研讨会、分享立法经验等方式，促进立法理念的共识和立法技术的提升。同时，可以加强与国际法律组织的合作，共同推动非物质文化遗产保护的国际法律框架的完善和发展。可以通过参与国际法律制定、推广国内立法模式等方式，将成功的立法保护经验推向国际舞台。同时，可以加强与其他国家的立法交流与合作，共同推动非物质文化遗产保护的跨国界合作与发展。

为了推广成功的执法实践经验，需要加强执法经验的分享与培训。可以通过组织执法交流会、开展执法培训等方式，提高执法人员的专业素养和执法能力。同时，可以建立执法案例库，将成功的执法案例进行整理和分享，为执法人员提供学习和借鉴的范例。可以通过建立跨部门协作平台、加强国际执法合作等方式，增强执法的协同作战能力和国际影响力。同时，可以加强与其他国家和地区的执法交流与合作，共同打击非法侵占、破坏非物质文化遗产的行为，维护非物质文化遗产的合法权益。

为了推广成功的公众参与和保护经验，需要搭建和拓展公众参与平台。可以通过建立线上参与平台、开展线下参与活动等方式，拓宽公众的参与渠道，提高参与便捷性。同时，可以加强与社区、学校、企业等机构的合作，共同推动公众参与非物质文化遗产的保护工作。可以通过加强宣传教育、开展主题活动等方式，提高公众对非物质文化遗产的认知度和保护意识。同时，可以利用媒体平台进行广泛宣传，扩大非物质文化遗产的影响力和认知度，形成良好的社会舆论氛围。通过这些策略的实施，我们可以有效地推广成功的公众参与和保护经验，推动非物质文化遗产保护工作的深入开展。

第九章　非物质文化遗产法律保护的未来趋势与建议

第一节　法律保护机制的发展趋势

一、立法层面的发展趋势

立法作为非物质文化遗产保护的法律基础，其发展趋势将深刻地影响保护工作的方向和效果。未来，立法将更加注重保护非物质文化遗产的文化多样性，这一理念强调尊重和维护各种文化形态和表达方式，确保非物质文化遗产的独特性和丰富性得到充分展现。这一理念的强化将对立法内容产生深远影响，推动立法原则更加倾向于保护文化多样性和促进文化交流。同时，立法将更加注重非物质文化遗产的传承与发展，通过制定相关政策和措施，鼓励和支持非物质文化遗产的传承人、团体和机构开展传承活动，确保非物质文化遗产的生命力得以延续。非物质文化遗产的可持续发展不仅关乎其在现代社会中的生命力和活力，而且是实现文化多样性和人类文明进步的重要保障。未来，立法将把非物质文化遗产的可持续发展作为重要目标，通过制定长远规划、提供政策支持等措施，确保非物质文化遗产在保护中发展、在发展中保护。例如，立法可以规定对非物质文化遗产的传承人给予经济支持、提供传承场所和设施等，以激发其传承积极性，推动非物质文化遗产的可持续发展。随着大数据、人工智能等技术的不断发展，立法决策将更加科学、精准。数字化技术可以辅助立法者收集、分析和处理大量的相关数据，为立法决策提供有力支持。同时，数字化技术还可以提高立法的透明度和公众参与度，使立法更加符合社会实际需求和公众期望。此外，立法程序的优化与简化也是未来立法的重要方向。通过提高立法效率、提高立法透明度等措施，可以确保立法更加及时、有效地回应非物质文化遗产保护的需求。

二、执法层面的发展趋势

未来，在执法机构的专业化与规范化方面，执法机构将进行优化调整、整合执法资源、明确执法职责，以提高执法机构的执行力和协同作战能力。通过优化调整，可以确保执法机构在非物质文化遗产保护中发挥更加积极的作用，有效地打击非法行为，维护非物质文化遗产的合法权益。同时，执法队伍的专业化建设也将得到加强。通过加强培训、提高执法人员素质等措施，可以提升执法水平和保护效果。专业化建设将确保执法人员具备必要的专业知识和技能，能够准确地理解和执行相关法律法规，有效地履行执法职责。利用数字技术监测和追踪非法行为，可以提高执法的精准性和效率。数字化手段可以实现对非法行为的实时监控和预警，为执法机构提供及时、准确的信息支持，有助于迅速采取措施打击非法行为。此外，跨部门协作机制的完善与发展也是未来执法的重要方向。通过加强信息共享、协调配合等措施，可以增强执法的整体效能和应对复杂情况的能力。跨部门协作机制将确保各执法机构之间形成合力，共同打击非法行为，维护非物质文化遗产的秩序和稳定。

三、公众参与和保护意识的发展趋势

未来，在公众参与机制方面，将拓宽公众参与渠道，提高公众的参与度和便捷性。建立线上参与平台、开展线下互动活动等措施，将为公众提供更多参与非物质文化遗产保护的机会和途径。线上参与平台可以方便公众随时随地了解非物质文化遗产的相关信息、参与讨论和交流；线下互动活动可以让公众亲身体验非物质文化遗产的魅力，增强其保护意识和认同感。同时，公众参与形式的多样化与创新性也将得到发展。志愿服务、文化体验活动等形式的创新，将激发公众的参与热情和创造力，推动非物质文化遗产保护工作的深入开展。将非物质文化遗产保护纳入国民教育体系，通过学校教育、社会宣传等多种途径，提高公众的保护意识和认知水平。常态化、系统化的保护宣传教育将确保公众树立正确的保护观念，形成全社会共同关注、参与非物质文化遗产保护的良好氛围。此外，保护意识的国际化交流与合作也将得到加强。通过参与国际交流活动、分享保护经验等措施，将促进保护意识的全球传播和共同提升。国际化交流与合作将为各国提供相互学习、借鉴的机会，推动全球范围内非物质文化遗产保护工作的共同进步和发展。

第二节 技术进步对法律保护的影响

一、数字化技术对法律保护机制的革新

数字化技术的广泛应用，为非物质文化遗产的法律保护带来了革命性的变化。在立法方面，数字化技术为立法决策提供了强大的数据支持和智能分析。通过大数据挖掘和人工智能算法，立法者可以更加准确地把握非物质文化遗产的保护需求和发展趋势，从而制定出更加科学、有针对性的法律法规。同时，数字化立法平台的构建也极大地提高了立法效率和透明度。通过在线立法讨论、法规数据库等功能的设计，使得立法过程更加开放、民主，公众可以更加方便地参与到立法中，表达自己的意见和建议。在执法方面，数字化技术的开发和应用同样发挥了重要作用。利用大数据和人工智能等技术进行非法行为监测和追踪，执法机构可以更加精准、高效地打击侵犯非物质文化遗产权益的行为。数字化执法系统的建设，如执法信息共享平台、在线执法培训等，也极大地提升了执法机构的协同作战能力和执法水平。这些系统的应用，不仅提高了执法的准确性和效率，而且降低了执法成本，使得法律保护更加有力、有效。

二、互联网技术对法律保护机制的拓展

互联网技术以广泛的覆盖性和便捷性，为非物质文化遗产的传播与普及提供了广阔的空间和渠道。一方面，互联网平台（如社交媒体、在线视频网站等）为非物质文化遗产的传播提供了前所未有的便捷。通过这些平台，非物质文化遗产可以跨越地域、时间的限制，迅速传播到全球各地，增强了其知名度和影响力。这种广泛的传播不仅有助于非物质文化遗产的传承与发展，而且为其法律保护提供了更广泛的社会基础。另一方面，互联网教育在保护意识培养中也发挥了重要作用。在线课程、互动教学等互联网教育形式，使公众可以更加方便地了解到非物质文化遗产的重要性和保护意义。通过这些教育形式，公众对非物质文化遗产的认知水平和保护

意识得到了显著提高，为法律保护工作提供了有力的社会支持。同时，互联网技术在法律保护与监管中也发挥了创新作用。网络监测、版权保护等互联网监管技术的应用，有效地打击了侵犯非物质文化遗产权益的非法行为。这些技术的应用，不仅维护了非物质文化遗产的合法权益，而且为其法律保护提供了更加有力的技术手段。此外，互联网法律服务平台的构建，如在线咨询、法律援助等，也为非物质文化遗产的权利人提供了更加便捷、高效的法律服务。

三、新技术对法律保护机制的挑战与应对

然而，新技术的发展也给非物质文化遗产的法律保护带来了挑战。一方面，新技术（如数字化技术）使得复制和传播变得更加容易，这给版权保护带来了新的挑战。文化同质化现象日益严重，一些非物质文化遗产在数字化传播过程中失去了其独特性和多样性。另一方面，新技术（如数据隐私和网络安全等问题）对传统法律制度提出了新的要求和挑战。为了应对这些挑战，我们需要加强法律法规的修订与完善。针对新技术发展的特点，制定专项法规，明确非物质文化遗产在数字化环境下的法律地位和保护范围。同时，需要提高执法机构的技术能力和水平。通过加强技术培训、引进先进技术设备等措施，提高执法机构应对新技术挑战的能力。只有这样，才能确保非物质文化遗产的法律保护不受损害，推动其传承与发展。

第三节　政策建议与法律修改的方向

一、政策层面的建议

制定非物质文化遗产保护专项政策是至关重要的。这样的政策能够明确保护的目标、原则和主要措施，为非物质文化遗产的法律保护提供坚实的政策基础和保障。专项政策应当涵盖非物质文化遗产的调查、认定、保护、传承、利用等各个环节，确保保护工作的全面性和系统性。同时，政策的制定应当充分考虑非物质文化遗产的特性和保护需求，确保政策的针对性和有效性。在加大政策扶持力度方面，政府应当通过财政补贴、税收

优惠等政策措施，鼓励和支持非物质文化遗产的传承与发展。例如，政府可以为非物质文化遗产传承人提供生活补助和传承活动经费，为他们创造更好的传承条件。同时，对于积极参与非物质文化遗产保护的企业和社会组织，政府可以给予税收优惠等激励措施，激发社会各界参与保护的积极性。

为了确保政策的有效执行和落地，需要建立政策执行评估体系。这一体系应当包括评估标准、方法和程序，从而对政策执行情况进行全面、客观的评估。通过评估，可以及时发现政策执行过程中的问题和不足，为政策的调整和完善提供科学依据。同时，评估体系还可以提高政策执行的效率和效果，确保政策能够真正落到实处。在加强政策监管与问责机制方面，需要建立监督机构，明确责任主体，对政策执行过程进行全程监督。监督机构应当独立、公正地履行职责，及时发现和纠正政策执行过程中的偏差和滥用行为。同时，对于违反政策规定的行为，我们应当依法追究相关责任人的责任，维护政策的公正性和权威性。

二、法律修改的方向

现有相关法律法规在非物质文化遗产保护方面存在一定的不足和空白，因此需要对其进行修订和完善。修订的重点应当放在提高法律效力和可操作性上，确保法律法规能够适应非物质文化遗产保护的需求。例如，可以明确非物质文化遗产的定义和范围，规定保护的原则和措施，以及违法行为的法律责任等。此外，还可以考虑制定新的专门性法律来为非物质文化遗产提供全面、系统的法律保护，其框架和内容应当涵盖非物质文化遗产的调查、认定、保护、传承、利用等各个方面。通过制定专门性法律，可以填补现有法律空白，为非物质文化遗产提供更加有力的法律保护。具体措施可以包括加大执法力度、提高违法成本等。执法部门应当严格依法履行职责，对违法行为进行查处和惩罚，维护非物质文化遗产的合法权益。同时，可以通过提高违法成本来遏制违法行为的发生，如对违法行为人处以罚款、没收违法所得等处罚。法律监督体系应当包括立法监督、行政监督、司法监督等多个层面，确保法律执行的全面性和公正性。同时，可以鼓励社会各界参与监督，通过举报、投诉等方式揭露违法行为，形成全社会共同监督的良好氛围。

非物质文化遗产是人类共同的财富，需要国际社会的共同保护。因此，需要加强国际法律合作，为非物质文化遗产的国际保护提供法律支持和保障。具体途径包括签订国际条约、参与国际组织等。通过国际法律合作，可以共同制定保护标准、分享保护经验、协调保护行动，推动非物质文化遗产的国际保护进程。同时，具体措施可以包括建立国际合作框架、明确合作原则和规则等。国际合作框架应当具有开放性和包容性，能够容纳不同国家和地区的参与和合作。合作原则和规则应当明确、具体，能够指导合作行动的开展和实施。通过完善国际合作中的法律机制，可以促进国际非物质文化遗产保护合作与交流，共同推动非物质文化遗产的传承与发展。

第四节　增强公众意识与教育普及的途径

一、提升公众对非物质文化遗产的认知

在信息化时代，多媒体平台成为信息传播的重要渠道。为了广泛宣传非物质文化遗产，应充分利用广播电视、网络等多媒体平台，通过制作专题节目、播放宣传片、发布网络文章等多种形式，对非物质文化遗产进行深入浅出的介绍。这些平台具有覆盖范围广、传播速度快、互动性强等优势，能够有效地提高公众对非物质文化遗产的了解程度。此外，组织非物质文化遗产展览与演出也是提升公众认知的有效途径。通过举办实物展览、技艺展示、民俗表演等活动，让公众亲身体验和感受非物质文化遗产的独特魅力。这些活动不仅能够激发公众对非物质文化遗产的兴趣和热爱，而且能够增强他们对文化遗产保护重要性的认识。为了深化公众对非物质文化遗产的认知，应深入挖掘其所蕴含的历史、艺术、科学等方面的价值，并通过编写普及读物、开设讲座等方式，向公众普及这些知识。通过这些知识的普及，公众能够更好地理解和欣赏非物质文化遗产，从而更加珍视和保护这些宝贵的非物质文化遗产。

二、将非物质文化遗产融入教育体系

学校教育是培养年轻一代非物质文化遗产保护意识的重要途径。为了

将非物质文化遗产纳入学校教育体系，应将其作为学生学习的重要内容并编入教材，开设相关课程。通过课堂教学，学生可以系统地了解非物质文化遗产的基本概念、保护原则和方法，从而培养他们的保护意识。同时，可以通过开展非物质文化遗产主题教育活动，如组织主题班会、文化节等，让学生在实践中了解和传承非物质文化遗产。这些活动不仅能够增强学生的文化自信和民族自豪感，而且能够激发他们的创造力和创新能力。除了学校教育，社会教育也是推广非物质文化遗产知识的重要途径。为了建立非物质文化遗产教育基地，可以选择具有代表性的非物质文化遗产项目，设立展示馆、传习所等场所，为社会各界提供学习和了解非物质文化遗产的场所。这些教育基地不仅能够展示非物质文化遗产的独特魅力，而且能够通过举办培训班、讲座等活动，普及相关知识。此外，还可以开展非物质文化遗产培训项目，通过举办培训班、工作坊等活动，培训更多对非物质文化遗产感兴趣的人。这些培训项目不仅能够传授非物质文化遗产的技艺和知识，而且能够培养更多的非物质文化遗产传承人和保护者，为非物质文化遗产的传承与发展提供有力的人才保障。

三、创新非物质文化遗产教育与传播方式

随着科技的不断发展，现代科技手段为非物质文化遗产的教育与传播提供了新的可能。可以利用数字化技术，将非物质文化遗产转化为数字化产品，如虚拟现实体验、在线课程等。这些数字化产品不仅能够拓宽非物质文化遗产的传播渠道，而且能够让公众以更加直观、生动的方式了解和体验非物质文化遗产。同时，可以利用社交媒体平台进行互动与传播。通过发布非物质文化遗产相关信息、与公众进行互动交流等方式，可以增强公众的参与度和传播效果。社交媒体平台具有用户基数大、互动性强等优势，能够迅速地扩大非物质文化遗产的影响力。

非物质文化遗产的保护与传承需要全社会的共同努力。为了动员社会力量参与非物质文化遗产的保护与传播工作，可以积极与企业、社会组织等合作，共同举办相关活动、推广相关知识。同时，政府还可以提供政策支持和资金扶持，鼓励更多人参与非物质文化遗产的教育与传播活动。此外，还可以建立非物质文化遗产教育与传播的激励机制。通过设立奖项、提供资金支持等方式，可以表彰在非物质文化遗产教育与传播方面做出突

出贡献的个人和团体，从而激发公众的参与热情和积极性。这种激励机制不仅能够推动非物质文化遗产教育与传播工作的深入开展，而且能够为非物质文化遗产的保护与传承注入新的活力。

参考文献

[1] 马海然.非物质文化遗产双重私法保护模式探析[J].民族艺术研究，2024,37(6):100-108.

[2] 倪菁.协同治理视角下非物质文化遗产保护高质量发展路径研究:以江苏为例[J].天工,2024(36):12-14.

[3] 胡晓慧,姚建盛,刘艳玲,等.贵州省非物质文化遗产空间分布特征及其影响因素[J].牡丹江师范学院学报(自然科学版),2024(4):48-55.

[4] 张宁,郭艺伟.河南非物质文化遗产空间分布及驱动因素研究[J].重庆文理学院学报(社会科学版),2024,43(6):23-38.

[5] 袁进业,马廉祯.体育非物质文化遗产保护何以有效?:基于全国30个案例的扎根理论和定性比较分析[J].体育科学,2024,44(10):25-37.

[6] 张阿如娜.非物质文化遗产共同诉讼保护机制的塑造[J].法制博览,2024(27):106-108.

[7] 袁丹,吴润涵,李东.黄河流域非物质文化遗产与A级景区的空间关系及其影响因素[J].旅游研究,2024,16(5):47-61.

[8] 聂震西,孙舔轲,侯小萌,等.汾河流域非物质文化遗产空间格局及其影响因素[J].海南师范大学学报(自然科学版),2024,37(3):380-387.

[9] 夏偲雨.论我国茶叶类非物质文化遗产的法律保护[J].惠州学院学报,2024,44(4):74-81.

[10] 田丽媛.关于茶非物质文化遗产的法律保护研究[J].福建茶叶,2024,46(8):184-186.

[11] 陈星,李庆烁.中华民族共同体建设背景下中华优秀传统文化的知识产权保护[J].民族学刊,2024,15(8):18-28.

[12] 伊士国,陈安国.论非物质文化遗产的宪法保护[J].河北法学,2024,42(10):166-181.

[13] 雷薇.县域视角下广西非物质文化遗产的空间分布规律及旅游活化

研究[D].桂林:桂林理工大学,2024.

[14] 赵毅超.RCEP框架下非物质文化遗产保护问题研究[D].南宁:广西大学,2024.

[15] 罗静.我国非物质文化遗产财产权制度研究[D].南宁:广西大学,2024.

[16] 肖凯元.通辽市非物质文化遗产保护研究[D].呼和浩特:内蒙古农业大学,2024.

[17] 崔畑甜.知识产权视角下的陶瓷非物质文化遗产保护研究[D].景德镇:景德镇陶瓷大学,2024.

[18] 陈妍.非物质文化遗产数字化成果的著作权问题研究[D].景德镇:景德镇陶瓷大学,2024.

[19] 厉建梅,赵苗祎,李曼.大运河文化带传统村落与非物质文化遗产空间错位特征及影响因素研究[J].西安建筑科技大学学报(社会科学版),2024,43(2):50-59.

[20] 林嘉韵.数字化背景下非物质文化遗产权益国际保护研究[D].重庆:西南大学,2024.

[21] 史桂洲.当代中国非物质文化遗产传承人权利司法保护现状与问题分析[J].法制博览,2024(9):160-162.

[22] 高梦飞.西藏传统手工艺品知识产权法律保护研究[D].拉萨:西藏大学,2024.

[23] 白玛康卓.西藏自治区陆生野生动物的法律保护研究[D].拉萨:西藏大学,2024.

[24] 刘羽薪.非物质文化遗产知识产权司法保护的困境与进路[D].成都:四川师范大学,2024.

[25] 易玲,纪孟汝.数字化时代非物质文化遗产的知识产权保护:基础、困境及应对[J].科技与法律(中英文),2024(2):53-63.

[26] 郭平,张洁.中国非物质文化遗产研究2023年度报告[J].民间文化论坛,2024(2):58-68.

[27] 孟硕.西藏少数民族非物质文化遗产传承人的法律保护研究[D].拉萨:西藏大学,2024.

[28] 张鑫.我国森林生物多样性法律保护问题研究[D].哈尔滨:东北林业

大学,2024.

[29] 卢星华.我国草原地区野生药材资源的法律保护[J].草业科学,2024,
41(2):491-502.

[30] 宋蓓娜.传统工艺的知识产权分类保护机制研究[J].河北法学,2024,
42(3):165-182.

[31] 陈辉.识别、存储与应用:长城沿线非物质文化遗产的可视化分析[J].
中国民族美术,2023(4):96-101.

[32] 张智杰,张映先.讲好中国故事:非物质文化遗产赓续与译介[J].海外
英语,2023(22):59-61.

[33] 刘勇军.非物质文化遗产合理利用的法律概念诠释[J].文化遗产,
2023(6):10-17.

[34] 郑阳.非物质文化遗产共同诉讼保护机制的塑造[J].中南民族大学学
报(人文社会科学版),2023,43(9):86-94.

[35] 赵博文.非物质文化遗产教育传承立法保护路径[J].社会科学家,
2023(10):59-64.

[36] 陈巧.论我国非物质文化遗产的知识产权保护[D].济南:山东大学,
2023.

[37] 张霞飞.非遗代表性传承团体法律保护问题研究[D].哈尔滨:东北农
业大学,2023.

[38] 杨怡婷.我国非物质文化遗产商业化的法律风险及规制路径研究
[D].太原:山西大学,2023.

[39] 朱俊.非物质文化遗产的著作权保护问题研究[D].成都:西南交通大
学,2023.

[40] 张琦.中国国家级非物质文化遗产时空分异特征及影响因素研究
[D].信阳:信阳师范学院,2023.